Austern

ECON Gourmet Bibliothek

Peter Lempert

Austern

ETB
ECON Taschenbuch Verlag

Autor und Verlag danken Herrn Dr. Thomas Neudecker (Bundesforschungsanstalt für Fischerei) und der Sopexa (Förderungsgemeinschaft für französische Landwirtschaftserzeugnisse) für die freundliche Unterstützung bei der Bildbeschaffung.

CIP-Titelaufnahme der Deutschen Bibliothek

Lempert, Peter:
Austern / Peter Lempert. - Orig.-Ausg. - Düsseldorf:
ECON Taschenbuch Verlag, 1988.
(ETB 24006; ECON Gourmet Bibliothek)
ISBN: 3-612-24006-4

Originalausgabe

Umschlaggestaltung: Ludwig Kaiser
Titelfoto: Johannes Sußbauer c/o Studio Ludwig Kaiser
Rückseitenfoto: Axel Ruske

Satz: Dörlemann-Satz, Lemförde
Druck und Bindearbeiten: Ebner Ulm
Printed in Germany
ISBN 3-612-24006-4

Inhalt

HANS-PETER WODARZ

über

Austern

Als sich mein Restaurant »Die Ente« 1975 noch im Münchner Stadtteil »Lehel« befand, war noch wenig von jener Aufgeschlossenheit den edlen Meerestieren gegenüber zu spüren, wie man sie heute beobachten kann. Den Austern begegneten auch viele Gourmets hierzulande mit einer gewissen Zurückhaltung – wohl nicht zuletzt wegen des nur unzureichenden Wissens um die geschmacklichen Besonderheiten dieser köstlichen Delikatesse. Es kam oft vor, daß meine Gäste eine oder zwei Austern bestellten, doch nicht aus Überzeugung oder hoher Wertschätzung für die »Zierde des Meeres«, sondern vielmehr aus Neugierde. Wer hätte zu dieser Zeit gedacht, welcher Beliebtheit sich die Auster einmal auch in unseren Regionen erfreuen würde!

Heute gibt es Gäste in meinem Wiesbadener Restaurant, die mehr als 20 dieser leckeren Schalentiere bestellen und mit Genuß verzehren. Und dabei spielt die Tageszeit überhaupt keine Rolle: Ein Austernfrühstück ist ebenso beliebt wie eine Portion Austern als Mitternachtsimbiß.

Ich persönlich bevorzuge die bretonischen Belon-Austern – am liebsten ist mir dabei die Größe drei mal Null (000) –, die ich »nature«, also ohne Zutaten und Ge-

würze wie Brot, Zitrone und schwarzen Pfeffer genieße. Doch dies ist meine persönliche geschmackliche Vorliebe, die durchaus nicht von anderen Austernfreunden geteilt werden muß. Diesen stehe ich vielmehr sehr tolerant gegenüber und gehe auch bereitwillig auf deren Wünsche ein. Das gilt auch für die Wahl des passenden Weines: Zu meinen persönlichen Freunden und Gästen gehören viele Austerngenießer, die auch schon mal einen edelsüßen Sauternes, am besten einen Chateau d'Yquem, oder einen schön gekühlten Beaujolais dazu trinken.

Ich bevorzuge beim Austerngenuß einen trockenen Loire-Wein oder – womit ich vielen Feinschmeckern aus der Seele sprechen dürfte – einen Champagner Blanc de Blanc ohne Dosage; es kann natürlich auch mal eine Champagne-Kreszenz der Klasse extra brut sein.

Nicht viel halte ich von den verschiedenen Zaubereien mit Austern in der Küche. Die Kreativität der Kochkunst sollte bei diesem kostbaren Meerestier auf ein Minimum beschränkt bleiben, um den Austerngeschmack nicht zu verfremden. Die Auster schmeckt nun einmal am besten, wenn sie so wie sie ist – frisch, gut gekühlt und erst unmittelbar vor dem Verzehr geöffnet – gegessen wird.

Unbestritten steigert sich der Genuß von Auster zu Auster und noch mehr, wenn sich der Gourmet ohne Grenzen der Schlemmerei hingeben kann. In diesem Zusammenhang kommt mir ein Zitat von Bert Brecht in den Sinn, das nicht nur auf den Austerngenuß zutrifft, sondern darüber hinaus Geltung hat: »Jedenfalls stimmen wir ein darüber, daß Genußsucht eine der größten Tugenden ist. Wo sie es schwer hat oder gar verlästert wird, ist etwas faul.«

Schon der Urmensch ... Kleine Kulturgeschichte der Auster

Was heute hierzulande unter die Luxusprodukte erster Klasse eingeordnet wird, war in der Frühzeit menschlicher Entwicklung – und ist es in einigen Ländern noch immer – ein Grundnahrungsmittel, das nahezu täglich konsumiert wurde. Kein Wunder, gab es doch überall dort entlang den Meeresküsten, wo eine entsprechende Temperatur des Wassers dies zuließ, riesige natürliche Austernbänke. Was lag also für die Küstenbewohner näher, als diesen natürlichen Reichtum zur Ernährung zu nutzen.

Der Steinzeitmensch – ein früher Gourmet?

Schalenfunde in prähistorischen Muschelhaufen beweisen, daß Austern schon vor rund 7000 Jahren in steinzeitlichen Siedlungen entlang der Nord- und Ostseeküste geschlürft wurden. Und nicht nur hier, denn aus dieser Zeit stammende Austernschalen wurden auch in Nordamerika, Brasilien, Feuerland und Australien entdeckt.

Obwohl es dafür natürlich keinen Beweis gibt, wird man doch die Feststellung treffen können, daß der Urmensch der Auster wohl kaum feinschmeckerische Werte zugeschrieben hat; sie war für ihn einfach ein wichtiges Nahrungsmittel, das er sich ohne allzu große Mühen beschaffen konnte. Und dabei mag es auch schon einmal vorgekommen sein, daß einer der frühen Nachkommen des Urmenschen bei einem besonders erfolgreichen Erntezug durch die Küstengewässer zu viele Austern aufgesammelt hatte, als daß er diese alle bei einer einzigen Mahlzeit hätte vertilgen können; was war naheliegender, als die restlichen Austern zur Frischhaltung wieder an der Küste auszusetzen, woraus sich bei günstigen Bedingungen eine neue Austernkolonie entwickelt haben könnte.

Anfänge der Austernzucht im alten China

Die Chinesen waren wohl die ersten, die vor einigen tausend Jahren mit der Zucht von Austern begannen. Es ist anzunehmen, daß man sich bei dieser frühen »Austernkultur« darauf beschränkt hat, die Jungmuscheln von den natürlichen Bänken zu für die Aufzucht besonders geeigneten Küstengebieten zu transportieren, um sie dort zu mästen und den Geschmack des Muschelfleisches zu verbessern.

Doch diese überaus bescheidenen Anfänge – vielleicht auch gleichzeitig für Japan mit seinen uralten, noch heute in voller Blüte stehenden Austernbeständen zu konstatieren – darf man natürlich nicht mit der modernen Austernzucht in der Gegenwart vergleichen, genausowenig wie die Vivarien der Ägypter oder Assyrer, die ihr Wissen über die Aufzucht des edlen Meerestieres an die Griechen weitergegeben haben dürften.

Begehrte Delikatesse im antiken Hellas

Schalenreste von Austern wurden z.B. in Troja und Mykene ausgegraben. Im klassischen Griechenland galt Lampsakos (am Hellespont bzw. den Dardanellen gelegen) als wichtiger Austernlieferant. Damals wurden die Meeresfrüchte bereits als Delikatesse angesehen, so daß es nicht weiter verwunderlich ist, daß sich selbst ein Mann wie Aristoteles mit diesem Thema beschäftigte und über die Bemühungen zur Verbesserung der Austernzucht - wohl der Gattung Ostrea edulis - berichtete. Und auch ein etwas makabrer Aspekt im Umgang mit den kostbaren Meeresmuscheln, der ein bezeichnendes Licht auf deren Stellenwert in der damaligen Ernährungsskala wirft, soll nicht verschwiegen werden: Den alten Griechen dienten die Schalen der Auster neben den Tonscherben als Stimmzettel beim sogenannten Scherbengericht (Ostrakismos).

Austernhochburg Rom, Rekorde im Austernessen

Ihre erste große Blütezeit erlebte die Auster im Römischen Reich, wo sie als Delikatesse bei keinem der so berühmtberüchtigten Gastmahle fehlen durfte. Allerdings, die Auster hatte schon damals ihren Preis und war daher für das einfache Volk unerschwinglich.

Neben der Ausbeutung der natürlichen Austernvorkommen, die wegen der ständig steigenden Nachfrage nach den Meeresfrüchten den Bedarf nicht decken konnten, setzten die Römer neue Maßstäbe in der Austernzucht. Einer der ersten, der mit der Austernaufzucht in künstlichen Meerwasserbassins ein reicher Mann wurde, war der Prokonsul Sergius Orata, der im 1. Jahrhundert v. Chr. gelebt hat. Später, als der Austernbedarf der römischen Feinschmecker weiter anstieg, kamen Einfuhren aus den römischen Provinzen wie Britannien, Spanien oder Gallien hinzu; für den Transport nach Rom wurden die Austern in mit Meerwasser gefüllten Amphoren gelagert, so daß sie in der Regel einigermaßen frisch in der Hauptstadt des Imperiums angekommen sein dürften.

Kann man hinsichtlich der von den Griechen gepflegten Austernsorte letztendlich nur Vermutungen anstellen, so betritt man diesbezüglich bei den Römern festen Boden: Mit der Ostrea edulis haben bereits die Bewohner des Imperium Romanum diejenige Austernsorte kultiviert, die lange Zeit, bis zum Ende des 19. Jahrhunderts, in Europa vorherrschend bleiben sollte. Einzelheiten über die römischen Zuchtmethoden finden sich bei Plinius d. Ä., bei Horaz oder auch bei Ausonius; letzterer empfahl in seinen Gedichten den Genuß von Austern in Verbindung mit Moselwein.

Großen Wert legten die römischen Feinschmecker der Herkunft der Austern bei. Hochgeschätzt waren die edlen Muscheln aus Circeji an den Pontinischen Sümpfen, genauso wie Austern von der tarentinischen, kyzikischen und cumäischen Küste, sowie vom Lacus Avernus und dem Lucriner See beim heutigen Neapel.

Ausonius lobte besonders die edlen Schalentiere von der bretonischen Küste wegen ihres milden Geschmacks. Plinius d. Ä. zählte den Genuß einheimischer Austern zu den wenigen positiven Eindrücken, die er von einer Entdeckungsreise entlang der Nordseeküste zurück mit nach Rom bringen konnte.

Auf der römischen Tafel tauchte die Auster in zweifacher Gestalt auf, nämlich roh, als wesentlicher Bestandteil der Vorspeise, des gustus, und auch - wohl seltener - gebraten oder in Pastetenform bei den nachfolgenden Gängen. Zu den roh gegessenen Austern wurde oft eine Spezialsauce gereicht, das sogenannte *garum* - nach Plinius eine Schöpfung der Griechen. Über deren Zubereitung gibt es verschiedene Überlieferungen, im wesentlichen wurde sie aus Innereien von Fischen hergestellt, die eine gewisse Zeit in einem Behältnis gelagert hatten. Wir können uns heute kaum vorstellen, daß diese durch Zugaben wie Salz verfeinerte Mixtur, die abscheulich gerochen haben soll, eine kulinarische Kreation der Spitzenklasse gewesen sein kann. Aber genau dies bezeugen die großen Gourmets jener Zeit. Wobei allerdings anzumerken ist, daß auch garum nicht gleich garum war; das am meisten geschätzte garum wurde in Carthagena komponiert.

Apropos Rezept, hat sich doch ein wohl verschiedenen Verfassern zu verdankendes, unter dem Namen des Marcus Caelius Apicius bekanntes Kochbuch erhalten, dessen 9. Kapitel mit dem Titel »Thalassa« sich ausschließlich mit den Meeresfrüchten - und daher natürlich auch mit der Auster - beschäftigt. Apicius selbst, einer der berühmtesten Feinschmecker des Altertums, soll zudem im Besitz eines Geheimrezeptes gewesen sein, mit dem er die Austern bis zu drei Monate lang frisch halten konnte - es ist leider verlorengegangen.

Hätten die verschiedenen römischen Herrscher ein wenig in diesem Buch geblättert, so wären wohl solch Guinessbuch-verdächtigen Rekordversuche, wie sie etwa von Kaiser Vitellius tradiert sind, unterblieben. Angesichts einer stolzen Tagesbilanz von 400 Dutzend Austern oder umgerechnet 4800 Exemplaren, auf vier Mahlzeiten gleichmäßig verteilt, fällt es schwer, diesem wackeren Mann das Prädikat Gourmet zuzubilligen.

Mit Vitellius um die Krone des größten Austernessers vermag Kaiser Domitian zu kämpfen, von dem erzählt wird, daß er täglich 100 Dutzend Austern verschlungen habe. Nicht ganz soviel traute sich offenbar Claudius zu, der es lediglich auf 400 Austern pro Mahlzeit gebracht haben soll. Sicher alles recht nette Histörchen, die man allerdings nicht ganz ernst nehmen darf. Aber ein Funken Wahrheit wird sich schon dahinter verbergen, war den Caesaren doch sicherlich die Fama bekannt, wonach der Genuß von Austern der Liebeskraft förderlich sein sollte ... Cicero hat hingegen unentwegt Austern geschlürft, »um«, wie er beteuerte, »meiner Beredsamkeit neue Nahrung zu geben«.

Mittelalter: Austern kaum gefragt

Mit der allmählichen Befreiung der germanischen Volksstämme vom römischen Joch ging auch ein langsames, aber stetiges Sinken des Interesses an der Austernzucht einher. Bis ins 6. Jahrhundert hinein dürften die Germanen noch mit dem Austernhandel eine Menge Geld verdient haben – besonders geschätzt waren schon damals die Austern von der gallischen Südwestküste –, dann wurde es bis zum 13. bzw. 14. Jahrhundert ganz still um die Auster. Die alten Zuchtmethoden waren weitgehend vergessen, man beschränkte sich im wesentlichen auf die Nutzung der natürlichen Austernbänke. Ansätze zu einer Wiederbele-

Abbildung:
Austernteller

bung der Austernzucht sind allerdings seit dem 13. Jahrhundert von der französischen Westküste zu vermelden, wo es die Fischer in bescheidenem Rahmen verstanden hatten, auf den vom Meerwasser bespülten Strandflächen eingefaßte Parks einzurichten, um dort kleine Austern zu einer angemessenen Größe aufzuziehen.

Beginn der Neuzeit – Beginn einer neuen Austernzeit

Mit Beginn der Neuzeit lernte man an den fürstlichen Höfen die Auster allmählich wieder zu schätzen. Der französische König Heinrich IV. pflegte, so man den Berichten Glauben schenken darf, beim Diner regelmäßig 300 Austern zu verspeisen.

Auch am sächsischen Hofe hatte man Anfang des 16. Jahrhunderts Kunde von dem Wohlgeschmack der Austern erhalten; und um dies zu überprüfen, ließ der Kurfürst ein Fäßchen mit den teuren Schalentieren eigens aus Venedig kommen. Die Fracht scheint einige Zeit unterwegs gewesen oder unsachgemäß behandelt worden zu sein. Bei der Ankunft im Sachsenland entströmte dem Behältnis jedenfalls ein wenig verlockender Duft, so daß der Leibarzt des Fürsten um ein Gutachten gebeten werden mußte. Mit seinem Rat, die Austern getrost zu verkosten, riskierte er Kopf und Kragen, denn die schlecht riechenden Austern waren mit Sicherheit verdorben. Daß der Kurfürst ohne eine lebensgefährliche Vergiftung davonkam, verdankte er wohl einzig dem zweiten Ratschlag, den der pfiffige Medicus ihm vor dem Schlürfen der ersten Auster gegeben hatte; er sollte nämlich zu den Meeresfrüchten einen kräftigen Schluck Tokayer trinken – vielleicht hat er es insgeheim auch ganz bei letzterem bewenden lassen.

Der sächsische Kurfürst hätte allerdings gar nicht so weit in die Ferne schweifen müssen, wurde doch zu jener Zeit bereits wieder an den Küsten Nordfrieslands nach Austern gefischt, wie der sogenannte *Austernerlaß* des Dänenkönigs Frederik II. vom 4. Februar 1587 beweist. In diesem »Offenen Brief« hatte König Frederik seinen Untertanen den unbefugten Fang der schmackhaften Muscheltiere untersagt.

Austernrenaissance am Hofe Ludwig XIV.

Im 17. Jahrhundert erkannte man angesichts der wachsenden Nachfrage und der rücksichtslosen Plünderung der natürlichen Bestände immer dringender die Notwendigkeit, den Austernfang zu reglementieren. Doch es geschah nichts Einschneidendes, die Ausbeutung der Austernbänke ging trotz einiger im folgenden Jahrhundert z. B. in England oder Deutschland erlassener Vorschriften nahezu unbeschränkt weiter, insbesondere seitdem Ludwig XIV. die Auster auch in seiner Residenz hoffähig gemacht hatte. Im Vertrauen auf die vermeintliche aphrodisische Wirkung der Auster soll der »Sonnenkönig« vor der Hochzeitsnacht mit Maria Theresia 400 Austern verzehrt haben.

In Versailles galten die Austern als »la palme de la table«, als Bekrönung jeder Mahlzeit. Und man zeigte sich beim Verzehr der Delikatesse alles andere als sparsam. Brillat-Savarin, der in allen kulinarischen Dingen so sehr bewanderte Jurist, bezeugte, daß nach seinen Beobachtungen die Aristokraten im vorrevolutionären Frankreich bei Banketten selten weniger als zwölf Dutzend Austern als Vorspeise verputzten; der berühmte Feinschmecker hat selbst von einem Diner berichtet, bei dem sein Tischgenosse die unglaubliche Zahl von 384 Austern (32 Dutzend) als Hors d'œuvre vertilgt haben soll.

Diese Austernvöllerei dürfte sogar einem Grimod de La Reynière zu weit gegangen sein, der immerhin postulierte: »Es ist durch Erfahrung erwiesen, daß Austern erst nach dem fünften oder sechsten Dutzend aufhören, ein Vergnügen zu sein.« In diesem Rahmen mit rund 100 Austern bewegte sich denn auch der tägliche Verbrauch von König Friedrich Wilhelm I. von Preußen.

Um der ständig steigenden Nachfrage nach der von vielen Dichtern so besungenen »Zierde des Meeres« gerecht zu werden, wurden die natürlichen Bänke immer mehr überfischt. In Paris wurden in der Rue Montorgueil große Austerndepots errichtet, wo die beispielsweise aus den normannischen Städten Dieppe, Etretat oder Courseulles per Eilwagen oder Schiff kommenden Schalentiere zur Verteilung zwischengelagert wurden. In Etretat können heute noch Reste der alten Austernparks besichtigt werden, die der Marquis de Belvert im Jahr 1777 in den Felsen graben ließ.

Gleichfalls in Paris wurden um 1750 die beiden weithin berühmten Austernkeller, der Rocher d'Etretat und der Rocher de Cancal, fertiggestellt.

Gegen Ende des 18. Jahrhunderts galt in den höheren Kreisen ein Frühstück ohne Austern schlichtweg als ein Ding der Unmöglichkeit.

Wiederentdeckung der Austernzucht Mitte 19. Jahrhundert

Die Hochschätzung der Auster hielt im 19. Jahrhundert nicht nur unvermindert an, der Austernkonsum steigerte sich vielmehr noch von Jahr zu Jahr. Es bestand damals die akute Gefahr, daß bei weiter fortgesetzter Plünderung der natürlichen Bänke die Auster völlig von der europäischen Bildfläche verschwunden wäre.

Besonders die französischen Austernbänke, die ehemals einen ununterbrochenen Ring um die Küsten Galliens gebildet hatten, waren durch Überfischung der völligen Zerstörung nahe. In diesem Augenblick hielt es Napoleon III. – im Gegensatz zu seinem noch berühmteren Verwandten Napoleon Bonaparte, der die Schalentiere verabscheute, ein begeisterter Austernesser – für höchste Zeit, sich persönlich um die für das Staatswohl offenbar wichtige Errettung der Auster zu kümmern.

Napoleon unterstützte die Bemühungen einiger Interessenten der Fischwirtschaft, die darauf drängten, die lange vergessene Austernzucht wiederzubeleben; was zugleich bedeutete, daß die bislang jedermann offenstehende Möglichkeit zur freien Ausbeutung der Austernbestände eingeschränkt bzw. gänzlich gestrichen werden mußte. Im Auftrag des französischen Kaisers legte der Naturforscher Coste im Jahr 1858 die ersten Austernzuchtparks an, ohne die wir heute möglicherweise auf den Genuß der Schalentiere – zumindest heimischer – verzichten müßten, denn die europäischen natürlichen Austernbänke sind inzwischen so gut wie verschwunden und durch neue Formen der Austernkultivierung ersetzt worden.

20. Jahrhundert: Vormarsch der Gigas

Die Geschichte der Auster von den Griechen bis zum Ende des vorigen Jahrhunderts war im Okzident im wesentlichen die Geschichte einer einzigen Austernart, der Ostrea edulis (Europäische Auster). Überfischung, Krankheiten etc. sind dafür verantwortlich zu machen, daß heute nur noch geringe Mengen dieser edlen Austernart zu hohen Preisen auf die Teller der Feinschmecker gelangen.

Doch auch die Nachfolgerin der Ostrea edulis, die in der zweiten Hälfte des 19. Jahrhunderts aus Portugal nach Frankreich eingeführte Crassostrea angulata (Portugiesische Auster), konnte sich nicht allzulange ihrer Vorherrschaft im europäischen Raum erfreuen, denn mit der Einführung einer neuen, schnell wachsenden Austernart aus dem Pazifischen Raum seit Ende der 60er bzw. Beginn der 70er Jahre wurde auch ein Virus mitimportiert, dem der Großteil der riesigen Bestände Portugiesischer Austern zum Opfer fiel. Ob die Crassostrea gigas (Pazifische Felsenauster) gegen Seuchen gefeit sein wird, bleibt genauso ungewiß wie die Antwort auf die Frage, ob es langfristig in unseren Breiten bei weiterer Verschmutzung der Küstengewässer überhaupt noch - ohne Gefahr für Leib und Leben - genießbare Austern geben wird.

Austern - ein Aphrodisiakum?

Durch alle Jahrhunderte, von der Antike bis in unsere Tage, hält sich die Legende, derzufolge der Genuß von Austern ein sehr wirksames, die Liebe förderndes Mittelchen sein soll. Auch von Casanova wird erzählt, daß er seine sagenumwobene Potenz nicht zuletzt einem allabendlichen Verzehr von mindestens 50 Austern verdankt habe. Doch die Liebeskraft ist nun einmal nicht nur eine physische, sondern auch eine psychische Gabe, die nicht einmal durch das Schlürfen dieser lukullischen Kostbarkeit gefördert werden kann; zumal Analysen des Austernfleisches ergeben haben, daß in der Auster ausschließlich Stoffe enthalten sind, die sich auch in anderen Nahrungsmitteln finden.

Eine mögliche Erklärung für die Assoziation von Auster mit Liebe mag wohl sein, daß Muscheln ganz allgemein nicht ohne äußerlich erkennbaren Grund seit Tausenden von Jahren als Symbol der Weiblichkeit gelten ...

Vom einfachen Grundnahrungsmittel zur gesuchten Delikatesse, von den natürlichen Austernbänken hin zur Austernzucht im großen Rahmen, so läßt sich stark vereinfacht die Kulturgeschichte der Auster zusammenfassen, obwohl die Entwicklung keineswegs kontinuierlich verlaufen ist. Epochen, in denen die Auster als Luxusprodukt hoch geschätzt wurde, z.B. in der Blütezeit des Imperium Romanum, wechselten mit Zeitläufen, in denen selbst das einfache, an den Küsten lebende Volk nicht auf die Idee gekommen wäre, diese Früchte des Meeres zu ernten.

Austern – weltweit anzutreffen

Auch wenn der Kenner beim Wort Austern sofort an Frankreich denkt, ist dieses selige Feinschmecker-Paradies bei weitem nicht der einzige Produzent des wohlschmeckenden Tieres – und nicht einmal der größte Austernproduzent.

Austern kann man heute weltweit, an den Küsten aller Kontinente, antreffen, sei es in natürlichen Kolonien oder in riesigen Zuchtanlagen. Grundbedingung für ihre Verbreitung ist allerdings eine nicht zu stark absinkende Wassertemperatur. So kann im europäischen Raum eine Austernart in Norwegen noch bis zum Polarkreis hin vorkommen, doch das Hauptverbreitungsgebiet liegt heute in den Bereichen der wärmeren Gewässer von der südostenglischen Küste aus nach Süden hin.

Insgesamt werden heute weltweit jährlich rund 960000 Tonnen Austern gezüchtet – das sind mehr als zehn Milliarden Exemplare des leckeren Muscheltieres. Auf dem deutschen Markt wird man nur Austern aus Zuchtanlagen finden, da der Import der wilden, bevorzugt in Flußmündungen ansässigen Muscheln wegen zu vieler von ihnen gespeicherter Schadstoffe hierzulande verboten ist.

USA – Austernnation Nr. 1

Weltweit Austernproduzent Nr. 1 sind nach wie vor die USA mit ca. 300 000 Tonnen pro Jahr (einschließlich der in den natürlichen Bänken gefischten Tiere), was angesichts der langgestreckten Küsten mit vielfach optimalen äußeren Bedingungen nicht unbedingt viel ist. Auf Platz zwei folgt Japan mit rund 250 000 Tonnen, und schließlich liegen auf den Plätzen drei und vier Frankreich und Korea mit jeweils ca. 100 000 Tonnen nahezu gleichauf.

Im Unterschied zu den europäischen Ländern, wo rund 80% der Austern lebend-frisch verzehrt werden und nur der kleinere Rest zu Dosenware o. ä. weiterverarbeitet wird, ist es in den USA genau umgekehrt. Dort werden nur 20% der Austernernte roh gegessen (Besonderheit: das sogenannte *Austernfleisch*, frische Austern ohne Schalen in gut verschlossenen Fäßchen aus Boston oder New Haven); der größere Teil der Ernte wird auf verschiedene Weise haltbar gemacht, z. B. geräuchert, luftgetrocknet, tiefgefroren oder halt in Konservendosen verpackt (gesottene Austern kommen vor allem aus Baltimore).

In den USA gilt die Auster – da wesentlich preiswerter als hierzulande – als selbstverständliches Nahrungsmittel, besonders New Orleans und San Francisco gelten als heiße Tips für Austernfreunde, die sich einmal für vergleichsweise wenig Geld mit Austern richtig satt essen wollen.

Die Zentren der US-amerikanischen Austernzucht sind die Chesapeake-Bay und die gesamte Golfküste; begonnen hat man mit der Kultivierung der Austern in den USA übrigens bereits im letzten Drittel des vorigen Jahrhunderts.

Japan – größtes Austernkulturland

Die USA verdanken ihre führende Stellung in der internationalen Austernwirtschaft ihren in manchen Regionen noch immer recht ergiebigen – allerdings zunehmend schrumpfenden – natürlichen Beständen, während sie, was die Intensität der Zucht anbelangt, doch weit hinter Japan und Frankreich zurückbleiben. Die Kultur der Speiseauster ist in Japan ohne Zweifel schon sehr alt, obwohl die historische Überlieferung nur rund 300 Jahre zurückreicht. Heute konzentriert sich die japanische Austernzucht auf die Buchten von Matsuschima und Ischinomaki sowie die Buchten von Hiroschima und Ariake.

Frankreich – der Austernklassiker

Frankreich ist nicht nur, was die Menge der jährlich geernteten Austern betrifft, führend in Europa, sondern auch hinsichtlich der Qualität seiner huîtres. Und es gilt mit seiner Austernzucht als geradezu klassisch und vorbildhaft. Allerdings ist es kaum möglich, die französische Austernkultur anderswo auf der Welt einfach zu kopieren, denn es besteht nun einmal ein ganz besonderer Zusammenhang zwischen einer bestimmten Zuchtmethode und den in der jeweiligen Region vorherrschenden klimatischen Bedingungen; und letztere sind – besonders an der Atlantikküste – in Frankreich für die Austernaufzucht schlichtweg optimal.

Man unterscheidet in Frankreich – in der Reihenfolge ihrer Größe und Bedeutung – folgende Zuchtzentren, in denen im Unterschied zu früher nicht mehr die flache Europäische Auster oder die tiefe Portugiesische Auster dominieren, sondern mit einem Anteil von fast 95% die tiefe Japanische Felsenauster eindeutig an der Spitze steht:

Austern-Zuchtzentren an der Atlantikküste:

- ▷ Marennes/Ile d'Oléron
- ▷ Ile de Ré mit der mittleren Westküste
- ▷ Arcachon
- ▷ Nordbretagne
- ▷ Südbretagne
- ▷ Normandie

Austern-Zuchtzentrum am Mittelmeer:

- ▷ Hérault bei Thau

Insgesamt erstrecken sich die Zuchtanlagen auf ein Gebiet von mehr als 19000 Hektar, auf denen rund 3000 »Bauern des Meeres« ihre Schalentiere für den erbitterten Kampf um die Gunst des Verbrauchers aufziehen; der es ihnen übrigens lohnt, verspeisen die Franzosen pro Jahr doch mehr als eine Milliarde Austern, womit sie die Weltspitze behaupten.

Wie in anderen europäischen Ländern, so unterliegt die Austernzucht auch in Frankreich strengster staatlicher Gesundheitskontrolle. Jede Verkaufseinheit Austern muß ein Prüfetikett des Instituts für die Meeresfischerei tragen, das am Tage des Versands ausgestellt ist – Gesundheits- und Frischezeugnis in einem. In guten Restaurants wird man einem interessierten Gast sicherlich anstandslos eine sogenannte *Bourriche*, einen Korb, in dem französische Austern zumeist geliefert und exportiert werden, mitsamt des entsprechenden Etikett zeigen.

Der Zufall stand Pate, so könnte man die glücklichen Umstände umschreiben, die den französischen Züchtern beim Aufbau ihrer Austernparks in der zweiten Hälfte des 19. Jahrhunderts zu Hilfe kamen.

Die einheimischen Kolonien mit Europäischen Austern waren derart überfischt, daß einige Züchter, insbesondere aus der Region um Arcachon, im Jahr 1867 dazu übergingen, Portugiesische Austern von der Tejomündung einzuführen, um sie in den eigenen Anlagen zur Marktgröße aufzuziehen. Im folgenden Jahr mußte ein Segelschiff mit Portugiesischen Austern an Bord - ob aus Lissabon kommend, wie eine Version besagt, oder aus Morlaix, um in Frankreichs Südwesten für England bestimmte Portugiesische Zuchtaustern zu holen, wie eine andere Version lautet, sei dahingestellt - vor einem schweren Sturm Zuflucht in der Gironde suchen. Da das Schlechtwetter eine längere Zeit anhielt und das Schiff daher seine Fahrt nicht fortsetzen konnte, begann die Ladung bald übel zu riechen. Der Kapitän nahm an, daß die Fracht verdorben sei und ließ die Austern daher über Bord werfen.

Doch nicht alle Austern waren abgestorben, die Überlebenden begannen sich in den folgenden Jahren im Verdrängungswettbewerb mit den Europäischen Austern ganz vehement zu vermehren und bildeten damit den Grundstock für die riesigen französischen Bestände jener Austernart, die erst in den 70er Jahren unseres Jahrhunderts durch Viren-Befall (sogenannte *Bonamia-Viren*) arg dezimiert wurden.

Doch längst haben die Franzosen – nicht zuletzt dank der Japanischen Felsenauster – den Rückschlag der 70er Jahre überwunden; die Austernproduktion hat inzwischen wieder einen so hohen Stand erreicht, daß sich die »Bauern des Meeres« in Frankreichs Südwesten regelrechte Preiskämpfe liefern – zur Freude und zum Nutzen der Verbraucher.

Nicht Frankreich, wie man vielleicht vermuten könnte, ist heute das Land, in dem die meisten Austern geerntet werden, sondern die Großmacht USA nimmt die Weltspitzenstellung ein – allerdings dicht gefolgt von dem Inselstaat Japan, der auf eine uralte Austernkultur zurückblicken kann. Nur in Europa konnte Frankreich seine Position als führender Austernproduzent behaupten – doch zum kleinen Trost verbleibt der »grande nation« der Ehrentitel, Weltmeister im Austernessen zu sein.

Bundesrepublik – ein Austernland!

Austern – bei Erwähnung dieses Luxusproduktes hätte noch vor zehn Jahren die Mehrzahl der Bundesbürger unter Hinweis darauf, daß sich das ja wohl nur Leute mit dem berühmten Geldesel leisten könnten, mißbilligend den Kopf geschüttelt. Mit dem gestiegenen Wert, den man inzwischen auch hierzulande dem im wahrsten Sinne des Wortes lebenswichtigen Thema Essen & Trinken beimißt, hat sich die Einstellung breiter Bevölkerungsschichten gegenüber exquisiten Konsumgütern wie Champagner, Kaviar oder eben auch Austern grundlegend zum Positiven hin verändert. Die Deutschen haben Geschmack an der Perle des Meeres gefunden, was sich nicht nur an wachsenden Austern-Importzahlen ablesen läßt, sondern auch am Wiederaufbau einer deutschen Austernzucht.

Frankreich – Hauptlieferant für deutschen Markt

Spricht man hierzulande von Austern, die man vielleicht gerade am Vorabend in einem guten Restaurant gegessen hat, so kann man einigermaßen sicher sein, daß sie wohl nur aus zwei Erzeugerländern stammen können: *Frankreich* und den *Niederlanden.*

Absoluter Marktführer sind die Franzosen, fast zwei Drittel der in der Bundesrepublik verzehrten delikaten Meeresmuscheln stammen aus dem Mutterland erstklassigen Essens und Trinkens - 1986 waren es genau 61,09%. Zu dieser für die Franzosen recht stolzen Zwischenbilanz hat die SOPEXA, Fördergemeinschaft für französische Landwirtschaftserzeugnisse, ihr gehöriges Scherflein beigetragen. Durch großangelegte PR- und Degustations-Kampagnen (nicht nur) im Rahmen der Französischen Wochen konnte der französische Austernabsatz in der Bundesrepublik Deutschland in den letzten Jahren nahezu verdoppelt werden.

Die Niederländer sind nach den Franzosen der Hauptlieferant von Austern für den deutschen Markt, fast jede dritte Auster (1986 genau 30,78%), die hierzulande den Gaumen eines Feinschmeckers erfreut, haben holländische Züchter aufgepäppelt. Wobei zu beachten ist, daß aus den Niederlanden eine vergleichsweise große Menge flacher Europäischer Austern (Ostrea edulis) kommt - weshalb der Wert der Austerneinfuhr aus dem Königreich (wegen des weitaus höheren Preises für flache Austern) noch vor einigen Jahren über dem des Imports aus Frankreich lag. Mit derzeit rund zehn Millionen Exemplaren kann sich die Ostrea edulis an der niederländischen Küste gegen die in gleicher Zahl geerntete wild wuchernde Pazifische Felsenauster behaupten.

Fast 91% der in Deutschland jährlich konsumierten Austern stammen somit einzig aus zwei Ländern, Frankreich und den Niederlanden. Da kann man die übrigen

Staaten, die Austern exportieren, für den deutschen Markt fast vernachlässigen, um so mehr, wenn man berücksichtigt, daß sich die einheimische, erst wieder in den Anfängen befindliche Austernzucht (Friesen-Auster) mit geschätzten 4,33% (1986) bereits auf den dritten Platz vorgeschoben hat. Da bleibt für die restlichen Länder - die wegen der recht hohen Transportkosten nur in einzelnen Partien nach Deutschland exportieren und offenkundig nicht zu einer kontinuierlichen Lieferung imstande sind - nicht mehr viel übrig. Zumal wenn man bedenkt, daß viele aus Übersee stammende Austern, z.B. jene aus Südkorea und Japan, in der Regel nur als Konservenware importiert werden; chilenische und US-amerikanische Austern werden allerdings trotz der recht großen Entfernung auch lebend versandt.

Dr. Thomas Neudecker von der Hamburger Bundesforschungsanstalt für Fischerei schätzte den Gesamtkonsum von Austern in der Bundesrepublik im Jahr 1986 auf mehr als 554 Tonnen.

Austernhochsaison: Weihnachten

Durch die monatliche Erfassung der Austernimporte wird ein Einblick in die Austern-Konsumgewohnheiten der bundesdeutschen Feinschmecker möglich. Und dabei fällt zunächst einmal auf, daß die alte - heute nur noch bedingt gültige - Regel, Muscheln nur in den Monaten mit »r« zu verspeisen, noch immer befolgt wird. In den Monaten Mai bis August wurden 1986 nur 10,2% des gesamten Austern-Jahresimportes in die BRD eingeführt, wobei man allerdings anmerken muß, daß hier in den letzten Jahren eine mehr oder minder stetige Steigerung festzustellen ist (zum Vergleich: 1979 waren es 4%).

Die Austern-Hochsaison wird hierzulande im Dezember eingeläutet, 1986 wurden in diesem Monat mehr als 18,5% (oder fast 100 Tonnen) der gesamten Austerneinfuhr verzehrt; doch auch der Oktober kann sich mit 16,28% durchaus sehen lassen. Am wenigsten gelüstet es die deutschen Feinschmecker im Monat Juli nach Austern - was schon jahrelang zu beobachten ist.

Austernboom – verbunden mit fallenden Preisen?

Wirft man einen kurzen Blick auf die Statistik der Austernimporte in die Bundesrepublik Deutschland in den Jahren 1982 bis 1986, so fällt sofort auf, daß die Teutonen offensichtlich auf den (Austern-)Geschmack gekommen sind - und dabei ist noch zu berücksichtigen, daß nicht alle Austernimporte in die Bundesrepublik registriert werden, weil z.B. ein Lastwagen, der vollbepackt mit den verschiedensten Lebensmitteln vom Pariser Großmarkt Rungis zurückkehrt, Austern nicht speziell ausweisen muß. 1986 betrug die Steigerungsrate im Vergleich zum Vorjahr 17,8%, wobei es in dem Zeitraum zwischen 1982 und 1986 durchaus auch noch beachtlichere Sprünge gab, wie die Tabelle auf der folgenden Seite beweist.

Mit der Steigerung des Austernimportes in die Bundesrepublik geht seit Beginn der 80er Jahre - mit Ausnahme eines leichten Anstiegs im Jahr 1985 - ein Rückgang des Preises einher. Lag der Preis 1981 beispielsweise noch bei

Abbildung oben:

Austernpark in der Bucht von Arcachon (Frankreich)

Abbildung unten:

Austernzucht in Japan: Austernflöße auf einem japanischen Inlandsee

*Austernimport in die Bundesrepublik Deutschland 1982–1986**

Jahr	Einfuhr (in t)	Zuwachsrate (in %)	Importwert (in 1000 DM)
1982	282,1	19,3	2797
1983	361,1	28,0	2870
1984	429,1	19,0	3315
1985	465,7	8,4	3876
1986	548,6	17,8	4283

* Quelle: Bundesforschungsanstalt für Fischerei

10,46 DM pro Kilogramm, so hatte er sich 1986 bei einem Mittelwert von 7,81 DM pro Kilogramm eingependelt. Dafür gibt es eigentlich nur die Erklärung, daß wegen allgemein rückgängiger Ostrea edulis-Bestände diese teurere Austernsorte beim Import in die BRD verstärkt durch die preiswertere Pazifische Felsenauster ersetzt wurde, bei der zudem in Frankreich in den letzten Jahren ein kontinuierlicher Preisnachlaß zu verzeichnen war. In den hiesigen Restaurants macht sich dieser »Preisverfall« allerdings überhaupt nicht bemerkbar.

Regionale Vorlieben

Da Frankreichs Austernproduktion zum größten Teil aus Crassostrea gigas (Pazifischen Felsenaustern) besteht und fast zwei Drittel der hierzulande verspeisten Austern nun einmal aus Frankreich stammen, wird der deutsche Markt zwangsläufig von dieser Austernsorte dominiert. Und doch gibt es hierzulande offenbar regional unterschiedliche geschmackliche Vorlieben; denn im Norden der Bundesrepublik wird die flache Europäische Auster (Ostrea edulis) aus den Niederlanden sowie aus Irland und Großbritannien eindeutig bevorzugt.

Austern-Import und -Vertrieb

Man kann im wesentlichen vier Gruppen von Unternehmen unterscheiden, die hierzulande Austern importieren:

▷ Große Feinkostimporteure – wie Rungis Express (Mekkenheim), De Pastre (Essen) oder Delikatessen Zündorf (Hürth)

▷ Feinkost- bzw. Delikatessengeschäfte – wie Carl Maassen (Düsseldorf), Feinkost Käfer (München) oder Feinkost Böhm (Stuttgart)

▷ Direktimportierende Restaurants – sehr wenige, z.B. Austernkeller (München)

▷ Direktimportierende große Kaufhäuser – wie KaDeWe (Berlin) oder Alsterhaus (Hamburg).

Was die Absatzwege betrifft, so sind – gestaffelt nach ihrem prozentualen Anteil – folgende sechs zu nennen:

▷ Restaurants	65%
▷ Feinkost- bzw. Delikatessengeschäfte	12%
▷ Große Kaufhäuser/Supermärkte	10%
▷ Austern-Probierstände	8%
▷ Fischgeschäfte	4%
▷ Importeur-Direktverkauf an Verbraucher	1%

Noch vor zehn Jahren wurden mehr als 85% der hierzulande konsumierten Austern in Restaurants bestellt, dies hat sich inzwischen etwas zugunsten der übrigen Absatzkanäle verschoben; wenn man allerdings die Probiertheken in Kaufhäusern und Feinkostgeschäften mit einbezieht, so dürfte der Restaurantanteil immer noch bei mehr als 75% liegen. Es gibt in Deutschland einige Restaurants, die sich fast ausschließlich auf Austern spezialisiert haben wie »Schümann« in Hamburg oder der »Austernkeller« in München. Große Hotelketten wie »Steigen-

Wichtige bundesdeutsche Austernimporteure

Firmenname	*Adresse*
Atlantik Fisch	Barnerstr. 42, 2000 Hamburg 50
Feinkost Böhm	Kesselstr. 13, 7000 Stuttgart 60
De Pastre	Lützowstr. 24, 4300 Essen
Edelfisch	Am Hauptgüterbahnhof 7, 6000 Frankfurt/Main
Christian Goedeken jr.	Große Elbstr. 210, 2000 Hamburg 50
Gourmet Francais	Schiess-Str. 53, 4000 Düsseldorf
Feinkost Käfer	Schumannstr. 1, 8000 München 80
Kagerer	Martin-Empl-Ring 1, 8000 München 82
Carl Maassen	Kaistr. 4, 4000 Düsseldorf 1
Markost	Schleißheimerstr. 373, 8000 München 45
Moby Dick	Westenriederstr. 13, 8000 München 2
Carl Moll	Mercedesstr. 65, 7000 Stuttgart 50
Nordsee	Am Lünedeich, 2850 Bremerhaven
Fr. Pedersen	Große Elbstr. 152, 2000 Hamburg 50
Rungis Express	Am Hambuch 2, 5309 Meckenheim
Schwinning	Gotzingerstr. 19/21, 8000 München 70
Sekulic	Neckarstr. 60, 7248 Remseck 2
SF Lebensmittel	Hemmerichsweg 4, 6000 Frankfurt/Main
Südfisch	Wilhelmstr. 67, 7553 Muggensturm
Margaret Wintermann	Anemonenweg 25, 5000 Köln 40
Delikatessen Zündorf	Daimlerstr. 3, 5030 Hürth

berger« oder »Intercontinental« führen auf den Speisenkarten ihrer angeschlossenen Restaurants selbstverständlich verschiedene Austernsorten.

Als Motor zur Steigerung des Austernabsatzes in der Bundesrepublik haben sich in den letzten Jahren die gerade angesprochenen, allerorten aus dem Boden sprießenden noblen Probiertheken in Kaufhäusern, Einkaufspassagen u.ä. und natürlich die ständig wachsende Zahl der Edelbistros erwiesen, wo man neben Hummer, Champagner oder Kaviar mal eben als kleine Zwischenmahlzeit drei, sechs oder auch zwölf frische Austern kosten kann.

Austern »made in Germany«

Es gibt sie bereits (wieder), Austern aus deutschen Landen, die, was den Geschmack angeht, durchaus mit den berühmten Produkten des gallischen Nachbarn mithalten können - und im Fleischgehalt 20–30% über vergleichbaren französischen Exemplaren liegen. In den Feinkostläden oder guten Fischgeschäften wird man diese Austern allerdings wohl noch relativ selten finden, denn bislang wurden hierzulande jährlich nur recht bescheidene Mengen geerntet. Dies kann sich in Zukunft aber durchaus ändern.

Noch keine Handvoll Züchter/Fischer ist es derzeit, die an der Nord- und Ostseeküste die 1926 eingestellte deutsche Austernfischerei wiederbeleben und durch eine auf modernste Zuchtmethoden gestützte Austernkultur ersetzen wollen (siehe nachstehende Auflistung).

Deutsche Austernzüchter/-fischer 1988

- ▷ Nord Auster, Am Hafen, 2982 Norderney (Tel. 04932/82753) bzw. Speckenbeker Weg 130a, 2300 Kiel 1 (Tel. 0431/685777)
- ▷ Dittmeyer's Austern-Compagnie GmbH, Hafenstr. 27, 2282 List/Sylt (Tel. 04652/860) bzw. Beseler Straße 2a, 2000 Hamburg 52 (Tel. 040/8908 0020/21)
- ▷ Fritz Ronnebeck, Munkmarsch, 2286 Sylt-Ost (Tel. 04651/32276)
- ▷ Austernaufzucht Langballigau Wolfgang Clausen, Oberstraße 21, 2391 Langballigholz (Tel. 04636/8248 bzw. 8214)

Die genauen Adressenangaben sollen all jenen als Hilfe dienen, die selbst einmal gerne deutsche Austern probieren möchten. Wolfgang Clausen verkauft seine Austern nicht nur an Restaurants, sondern vor allem per Direktversand an Privatkunden. Die Austern werden bei Clausen zum Versand durch die Post als Schnellpäckchen bzw. als Schnellpaket mit Eilauslieferung (Lieferzeit ca. 24 Stunden nach telefonischer Bestellung) in Styroporkisten auf frischem Blasentang gebettet, unsortiert, da die Muscheln durch Clausens spezielle Zuchtmethode in etwa alle gleich groß sind.

Bei der Firma Nord Auster können Nordseeaustern direkt geordert werden. Nord Auster bzw. Inhaber Schlödel verschickt die nach Gewichtsklassen sortierten Austern in Spankorbgebinden verpackt, wodurch genauso wie bei der Styroporhülle gewährleistet wird, daß das edle Produkt in lebender Frische beim Verbraucher ankommt.

Im Unterschied zu Nord Auster hat Clemens Dittmeyer mit seinem im April 1986 gegründeten Unternehmen weniger den Privatkunden als vielmehr die Spitzengastronomie als Zielgruppe im Auge. Dittmeyer: »Die Hauptzielgruppe für den Absatz unserer Austern sind die rund 2000 Toprestaurants, von denen wir derzeit rund 500 beliefern. Wir distribuieren über den Großhandel, wobei wir meist mit kleinen, regional arbeitenden, in den Ballungszentren beheimateten Unternehmen zusammenarbeiten.«

Auch Dittmeyer setzt beim Versand auf die bewährten Spankörbe, er darf seine Austern allerdings nicht dekorativ auf Blasentang betten, denn dessen Entnahme aus dem Nationalpark Wattenmeer ist bekanntlich untersagt; Dittmeyer muß sich daher mit der ebenso funktionstüchtigen Holzwolle als Lagerstatt begnügen, allerdings hüllt er die Spankörbe – um den kostbaren Inhalt zusätzlich vor Frost zu schützen – mit einem dicken Pappkarton ein. Damit geht's dann per Bahnexpreß los in Richtung Kunde.

Für den Muschelfischer und Austernzüchter Fritz Ronnebeck – aber natürlich auch für die übrigen Anbieter – sind die lokalen Märkte für den Absatz der fangfrischen Austern von eminenter Bedeutung – und da steht *Sylt* selbstverständlich an erster Stelle. So können Dittmeyer-Austern z. B. auch bei Gosch – bekannt durch seine Fischbude am Lister Hafen – gekauft werden.

Nach zunächst nur geringer Produktion mit etwa einer Tonne oder 10000 bis 20000 Austern pro Jahr sind in den letzten Jahren die Erträge der deutschen Züchter deutlich angestiegen, 1985 waren es fünf Tonnen, 1986 ca. 25 Tonnen und für das Jahr 1987 wurden sogar rund 60 Tonnen erwartet.

Doch selbst mit letzterer Zahl ist man hierzulande noch weit von jenen Mengen Austern entfernt, die ab Mitte des 19. Jahrhunderts bis in die 20er Jahre des 20. Jahrhunderts erzielt wurden. In den Jahren 1859 bis 1873 hatte die deutsche Austernzucht - besser gesagt Austernfischerei, denn es handelte sich lediglich um eine Nutzung der natürlichen Bestände - mit jährlich vier bis fünf Millionen Exemplaren ihre absolute Blütezeit erlebt. Doch danach ging's langsam bergab; schuld daran war vor allem die Überfischung der Bestände, die trotz zahlreicher Schon- und Pflegemaßnahmen zu einem allmählichen Niedergang führte, so daß Deutschland nach und nach zu einem Importland für Austern wurde.

Als Beweis für die Hochschätzung, die deutsche Austern einst genossen haben, mag der Hinweis genügen, daß sie früher per Eisenbahn bis nach Ungarn transportiert wurden. Auch am dänischen Hof hatte die nordfriesische Auster jahrhundertelang hohes Ansehen genossen, unterstanden zahlreiche Austernbänke vor dem heutigen Schleswig-Holstein bis zur Abtretung an den preußischen Staat im Jahr 1864 doch der dänischen Krone.

Nun ist man an der Nordseeküste offenbar auf dem besten Wege, wieder erfolgreich an die glorreiche Tradition anzuknüpfen, nicht zuletzt dank der von der Hamburger Bundesforschungsanstalt für Fischerei, genauer dem Institut für Küsten- und Binnenfischerei, jahrelang geleisteten Basisarbeit.

Dr. Thomas Neudecker, mehr als ein Jahrzehnt mit dem Projekt Austernzucht betraut: »Ich sehe die Entwicklung der deutschen Austernzucht positiv, auch wenn die Entwicklung nur langsam vonstatten geht und vermutlich die Wirtschaftlichkeit bei den Betrieben nicht so schnell wie erhofft eintreten wird. Die Konkurrenzfähigkeit der deutschen Auster ist zumindestens in engeren Bereichen gegeben, da Frische, Qualität und Geschmack diejenigen der

Importauster übertreffen, wenn die Kulturmethoden und Betriebsabläufe von den Züchtern optimal geregelt werden. Andererseits ist der Preis der deutschen Auster deutlich höher, so daß nur Kenner und besondere Feinschmekker den Mehrpreis akzeptieren.«

Während man in der Hochzeit der deutschen Austernzucht auf die Sorte Ostrea edulis gebaut hatte – kurzzeitig wurde auch mit der Portugiesischen Auster experimentiert –, bevorzugen die deutschen Züchter heute die Pazifische Felsenauster (Crassostrea gigas), eine längliche, gewölbte und zerklüftete Austernart, die harte Winter besser übersteht.

Auf rund 554 Tonnen war 1986 der Gesamtkonsum von Austern in der Bundesrepublik Deutschland angewachsen – und es ist zu erwarten, daß sich diese kulinarische Delikatesse in den kommenden Jahren einer noch größeren Beliebtheit bei der wachsenden Zahl von Feinschmeckern hierzulande erfreuen wird. Darauf setzen jedenfalls die Unternehmen an Nord- und Ostsee, die die deutsche Austernzucht zu neuem Leben erweckt und den deutschen Markt 1986 wieder mit (geschätzten) 25 Tonnen beliefert haben.

Die Auster – ein Weichtier mit hohem Nährwert

Sich mit Austern als kulinarischem Leckerbissen genauer zu befassen, schließt nicht gänzlich aus, daß man sich auch ein klein wenig für die Biologie des edlen Schalentieres interessiert.

Was die Schale verbirgt

Austern gehören zur Muschelfamilie und bilden zusammen mit Schnecken und Tintenfischen die etwa 100 000 Arten zählenden Weichtiere (Mollusken). Die Auster besitzt zwei Schalenhälften, eine mehr gewölbte, in der der Körper des Tieres ruht, und eine ziemlich flache Schale, die quasi das Dach des Muschelhauses bildet. Beide Schalenhälften sind durch ein Scharnier verbunden, das es beim Öffnen der Auster ebenso zu durchtrennen gilt wie den Schließmuskel, der ebenfalls von zwei unterschiedlichen Muskeln gebildet wird. Der eine ermöglicht es der Auster, bei Gefahr die Schalen blitzschnell zu schließen, der andere ist für das Geschlossenhalten der schützenden Hülle verantwortlich.

Normalerweise sind die Schalenhälften auseinandergeklappt. Wenn das Tier krank ist, fehlt ihm die Kraft, die Schalen zu schließen bzw. längere Zeit fest geschlossen zu halten. Die Farbe der Schale hängt allein von der Umgebung ab, die Palette kann von Rot oder Braun über Grün und Gelb bis hin zu Grau oder Violett reichen. Bei Anleitungen zum Öffnen der Muschel wird die gewölbte Schalenhälfte übrigens immer als die linke bezeichnet, die flache Schale als die rechte.

Für den Aufbau der aus Kalk schichtweise gebildeten Hülle ist der sogenannte Mantel zuständig, eine den Körper des Tieres einhüllende Hautfalte. Diese ist mit winzigen Papillen übersät, die als eine Art Alarmanlage fungieren und sich daher auch zusammenziehen, wenn man bei geöffneter Muschel mit dem Finger dagegenstößt oder einen Spritzer Zitronensaft darauf träufelt – sofern das Tier lebendfrisch serviert wurde. In der Mantelhöhle sind die Kiemen gelagert, die nicht nur für die Atmung, sondern durch das Ansaugen des Wassers auch für die Nahrungsaufnahme, vornehmlich Plankton und Kleinstalgen, von Bedeutung sind. Ein verhältnismäßig langer Darm endet in einem After, der in der Nähe des Schließmuskels zu finden ist. Für die Blutzirkulation sorgen Herz und Blutgefäße. Ein Fuß, den man noch bei den jungen Larven beobachten kann, wird man bei der erwachsenen Auster vergeblich suchen; denn wenn sich die Larve an einer geeigneten Stelle niedergelassen hat, bildet sich der Fuß zurück.

Eine Auster kann theoretisch bis zu 30 Jahre alt werden, wenn, ja wenn es ihr gelingt, sich den Nachstellungen der genußsüchtigen Gourmets und nicht zuletzt ihrer natürlichen Feinde zu entziehen.

Tiefe Auster
Crassostrea gigas

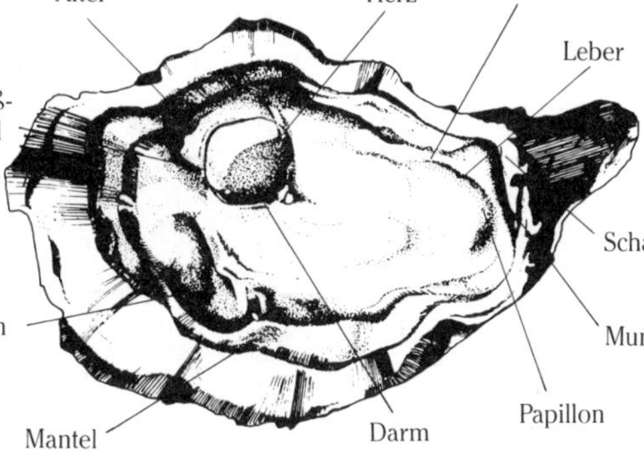

Das Umfeld muß stimmen!

Austern gedeihen besonders gut in Meeresgewässern, deren Salzgehalt ein wenig durch den Zufluß von Süßwasser herabgesetzt ist. Bei der flachen, fast runden Europäischen Auster ist der Spielraum einer möglichen Süßwasserzufuhr jedoch weitaus enger zu ziehen als bei den eher länglichen, tiefen Austernarten, die auch in etwas salzärmeren Meeren wie der Ostsee durchaus gedeihen können. Die französischen Austernparks beispielsweise sind genau an den Stellen eingerichtet worden, wo das Mischungsverhältnis zwischen Salz- und Süßwasser geradezu optimal ist.

Neben dem Salzgehalt ist die Temperatur des Wassers eine ganz wichtige Komponente für das Gedeihen und vor allem die Fortpflanzung der Austern. Die Europäische Auster entwickelt sich am besten bei Wassertemperaturen zwischen 15 und 20 Grad; sie kann allerdings auch Temperaturen knapp unter dem Gefrierpunkt schadlos überstehen, nur wächst sie in dieser Zeit nicht. Für die Fortpflanzung sind Temperaturen von 17 bis 20 Grad Celsius ideal. Die tiefen Austern sind gegen Temperaturschwankungen noch stärker abgehärtet als die flachen Artgenossen; sie überstehen Sprünge von 5 Grad minus bis über 30 Grad plus einigermaßen problemlos, allerdings benötigen sie zur Ingangsetzung der Reproduktion eine etwas höhere Wassertemperatur als die Europäische Auster.

Hoher Nährwert, wenig Kalorien und zugleich Medizin

Schon der holländische Botaniker Dr. Baster wußte im 18. Jahrhundert – in Anlehnung an medizinische Schriften der beiden vorhergehenden Siècles – seinen Patienten vom hohen Nährwert und von den medizinischen Heilkräften der Austern zu berichten: »Lebende Austern sind mit den entsprechenden medizinischen Vorzügen ausgestattet. Sie haben großen Nährwert und fordern zum Ruhen auf, denn wer am Abend Austern ißt, pflegt in der Nacht sanft zu schlummern, und für einen Kränklichen, der an einem schwachen Magen leidet oder von der Galle oder von Ärger heimgesucht wird, haben acht, zehn oder zwölf rohe Austern, am Morgen oder eine Stunde vor dem Abendessen genossen, eine heilsamere Wirkung als jede Arznei oder Mixtur, die der Apotheker zusammenstellen kann.«

Austern also ein medizinisches Allheilmittel, gegen alle möglichen leiblichen Beschwerden einsetzbar? Das ist wohl ein wenig zu hoch gegriffen, doch gibt es tatsächlich einige Krankheiten oder Malaisen, bei denen auch die moderne Medizin der kostbaren Muschel eine gewisse Heilkraft nicht abstreitet; als da sind: Anämie, Wachstumsstörungen, Jodmangel, Rachitis, Erkrankungen der Leber. Und auch Rekonvaleszenten soll ein regelmäßiges Austernmahl wieder schneller auf die Beine helfen.

Was den Nährwert der Auster betrifft, so vergleicht sie G. Ranson in seinem 1951 erstmals erschienenen, noch immer grundlegenden und daher in Frankreich weiterhin lieferbaren Werk »Les huîtres. Biologie – culture« mit der Milch. Wie diese enthalte die Auster all jene Nährstoffe, die der Mensch zum Überleben benötige. Die Auster sei daher wie die Milch das vollkommene Nahrungsmittel, »l'aliment complet«:

Grundsubstanzen von Austern und Milch

	Auster	Milch
Wasser	86%	87 %
Eiweiß	7%	3,3%
Kohlenhydrate	4%	5 %
Fette	2%	4 %
Mineralsalze	1–2%	0,7%

Neuere Analysen vermitteln folgendes (weitaus genaueres) Bild von der Zusammensetzung der Auster – das jedoch je nach Herkunft der Auster leicht variieren kann: Wasser: 83%, Eiweiß: 9%, Kohlenhydrate: 4,8%, Fette: 1,2%. Zusätzlich enthält die Auster die folgenden Vitamine: A, B_1, B_2, C, D, E, PP – und da man normalerweise die Auster roh verspeist, werden diese lebenswichtigen Substanzen dem menschlichen Körper ohne die beim Kochen sonst üblichen Einbußen zugeführt. An Mineralstoffen sind vor allem zu nennen: Natrium, Magnesium, Kalzium, Phosphor, Jod, Brom, Zink, Mangan, Eisen und Kupfer.

Neben ihren bereits erwähnten Einsatzmöglichkeiten als medizinisches Hilfsmittel bietet die Auster in gesundheitlicher Hinsicht zwei weitere Vorteile: Sie ist schnell verdaulich und eignet sich wegen ihres geringen Kaloriengehaltes vorzüglich zur Diät. 100 Gramm Austernfleisch bringen es gerade auf 71 Kilokalorien. Da drängt sich ein Vergleich zu anderen Luxusprodukten aus dem feuchten Element gleichsam auf:

*Kalorienmenge ausgewählter Meereserzeugnisse**

Kaviar	281 Kilokalorien
Garnele	103 Kilokalorien
Hummer	89 Kilokalorien
Flußkrebs	71 Kilokalorien
Auster	71 Kilokalorien

* Je 100 Gramm verzehrbaren Anteils

Was den niedrigsten Kaloriengehalt angeht, so nimmt die Auster also unter diesen Delikatessen die Spitzenposition ein. Und im Gegensatz zu Flußkrebs und Hummer, die oft in feinen Saucen gereicht werden, ißt der wahre Feinschmecker die Auster nur »nature«, es bleibt also bei den 71 Kilokalorien, während die leckeren Saucen das Kalorienkonto der »Konkurrenz« ganz schön belasten können.

Mit ihren für den Aufbau des menschlichen Körpers so überaus wertvollen Nährstoffen zählt die Auster zu den Lebensmitteln, deren Verzehr bei bestimmten Krankheiten durchaus zu einer schnelleren Genesung beitragen kann. Nicht zu vergessen auch der die Figur schonende Aspekt des Austernschlemmens; mit ihrem niedrigen Kaloriengehalt eignet sich die Auster vorzüglich zum Abspecken. Was kann schöner sein, als auf diese bequeme Art und Weise die überflüssigen Pfunde zu verlieren?

Austernsorten – von Ostrea edulis bis zu den Gigas

Es leben weltweit in den Ozeanen bis zu 100 verschiedene Austernsorten; doch trotz dieser scheinbar überwältigenden Vielfalt gibt es gerade eine Handvoll Austerngattungen und eigentlich nur zwei unterschiedliche Haupttypen: die flache Auster mit einer glatten Schale und die gewölbte, tiefe, längliche Auster mit einer zerklüfteten Schale.

Auf dem alten Kontinent war lange Zeit die flache Europäische Auster (Ostrea edulis) vorherrschend, die seit der zweiten Hälfte des 19. Jahrhunderts von der tiefen Portugiesischen Auster (Crassostrea angulata) abgelöst wurde. Eingeschleppte Viren bereiteten deren Dominanz Anfang der 70er Jahre unseres Jahrhunderts ein jähes Ende; an die Stelle der »Portugiesin« ist die gleichfalls tiefe Pazifische Felsenauster (Crassostrea gigas) getreten.

Ein wichtiges Unterscheidungsmerkmal zwischen der flachen Europäischen Auster (Ostrea edulis) und den beiden tiefen Austerntypen ist die Geschlechtszuordnung: Erstere ist ein sogenannter protandrischer Zwitter, die letzteren sind getrenntgeschlechtlich.

Abbildung:

Kanadas Beitrag zur Austernzucht: Langleinen mit Schwimmern und Kollektoren für Austern (British Columbia/Kanada)

Flache Auster – Ostrea edulis

Europäische Auster (franz.: huître plate; engl.: flat oyster, plat oyster, common oyster)

Die Europäische Auster – früher auch einfach nur Tafel-Auster genannt –, wissenschaftliche Bezeichnung Ostrea edulis, besitzt ein fast rundes Äußeres und wird zwischen fünf und zwölf Zentimeter groß. Die Farbe der regelmäßig geformten, nur leicht gefurchten Schalenhälften hängt stark von der Umgebung ab, in der die Auster aufwächst; die Farbpalette reicht von hellen Grau- und Grüntönen bis hin zur Sandfarbe. Das Austernfleisch ist beige oder sandfarben.

Was die geschmacklichen Merkmale angeht, so sind die flachen Austern eher zurückhaltender, milder einzustufen als die tiefen Austern (obwohl erstere ein stärker salzhaltiges Wasser benötigen). Die flachen Austern werden daher allgemein als der edlere Typus angesehen, zumal sie heute seltener anzutreffen sind, was sich natürlich in den Preisen niederschlägt: Die Europäischen Austern sind teurer als die tiefen Verwandten.

In Frankreich beispielsweise konnte in den letzten Jahren die Feststellung gemacht werden, daß die Preise der huîtres plates ständig gestiegen sind. Dafür gibt es eine recht einfache Erklärung: Es werden in Frankreich jährlich im Schnitt noch nicht einmal 1500 Tonnen flache Austern geerntet, was sehr wenig ist; gleichzeitig ist jedoch eine kontinuierlich steigende Nachfrage zu konstatieren.

Während die flache Europäische Auster auf dem alten Kontinent heute also mengenmäßig ein recht tristes Dasein führt, unternehmen Länder wie Kanada oder Japan recht erfolgversprechende Anstrengungen, diese sehr delikate Austerngattung bei sich heimisch zu machen.

Im Unterschied zu den tiefen Austern, deren verschiedene Sorten in der Regel nach den Zuchtmethoden bezeichnet werden, verdanken die zahlreichen Sorten der flachen Europäischen Auster ihre Namensgebung den Herkunftsorten bzw. Mästungszentren. Wobei es für die Franzosen scheinbar – und nicht ganz zu Unrecht – selbstverständlich ist, daß die besten Sorten entlang ihrer langgestreckten Küsten gezüchtet werden.

Die wichtigsten Ostrea edulis-Sorten

Frankreich:

▷ Belons:

Die Belons aus der Bretagne – früher hießen sie auch Armoricaines – sind der Stolz der französischen Feinschmecker, gelten sie doch nahezu unbestritten als die absolute Elite unter allen Austernsorten. Sie sind fetthaltig, schmecken kaum salzig und haben einen ausgeprägten Nußgeschmack. Einziges Manko: Es wird gemunkelt, daß zumindest ein Teil der Belons nicht in französischen Gewässern das Licht der Welt erblickt hat, sondern aus England und Irland stammt und lediglich in gallischen Gefilden veredelt wird. Doch dieser – durch den *Bonamia*-Virenbefall und eine zweite, geheimnisvolle, ebenfalls nach einem Wissenschaftler, *Marteilia*, benannte Krankheit hervorgerufene – Import fremder Ostrea edulis-Austern wird wohl bald wieder eingestellt werden können; denn die heimischen Belons sollen sich wieder vermehren …

▷ Marennes:
Die Marennes aus der Umgebung der gleichnamigen Stadt in der Charente sind für ihre grüne Farbe bekannt - daher werden sie auch schon einmal Grüne Austern bzw. huîtres vertes genannt –, die von einer Kieselalge, der sogenannten *Navicula-Alge*, herrührt, die den Austern als Nahrung dient und den Marennes zugleich einen besonderen, von Kennern außerordentlich geschätzten Geschmack verleiht.

▷ Gravettes (d'Arcachon) bzw. Arcachons:
Bei den Gravettes handelt es sich um flache Austern aus der Umgebung von Arcachon, die daher oft auch einfach nur Arcachons genannt werden.

▷ Bouzigues:
Die Bouzigues (manchmal auch als côtes bleues bezeichnet) gelten als die besten Mittelmeer-Austern, sie werden im Bassin von Thau im Departement Hérault gezüchtet.

Niederlande:
▷ Imperiales bzw. Zélandes:
Mit ihrem weißen Fleisch zählen die meist in großen Exemplaren auf den Markt gebrachten, gerade in der Bundesrepublik sehr geschätzten Imperiales oder auch Zélandes zur absoluten Austern-Spitzenklasse.

Dänemark/Skandinavien:
▷ Limfjords:
Bei den Limfjords denkt man in erster Linie an Dänemark, doch auch an den Küsten der übrigen skandinavischen Länder ist diese Austernsorte anzutreffen.

Belgien:

▷ Oostendes:

Die Oostendes, der belgische Beitrag, sind eine – was die Maße betrifft – verhältnismäßig kleine Austernsorte.

England:

▷ Colchesters:

Von den englischen Austernsorten genießt die Colchester oyster – nördlich der Themsemündung gezüchtet – das höchste Renommee. Viele Feinschmecker, u.a. Wolfram Siebeck, ziehen die Colchester sogar den vielgepriesenen Belons vor.

▷ Whitstables:

Die in der Themsemündung beheimateten Whitstables sind wegen ihres zarten Nußgeschmacks weit über die Grenzen der Britischen Insel bekannt. Wie alle anderen Themseaustern werden sie auch als Natives oder Native oysters bezeichnet.

▷ Helfords:

Die Helford oyster ist mild, schmeckt leicht metallisch und hinterläßt auf der Zunge einen dezent süßlichen Nachgeschmack.

Irland:

▷ Galways:

Die flachen Austern aus Irland gelten wegen der Sauberkeit der Gewässer, in denen sie aufgezogen werden, als die reinsten der Welt; Gelegenheit, sie zu kosten, bietet z.B. das alljährlich in dem kleinen Städtchen Galway veranstaltete Austernfestival.

Flache Auster – Ostrea lurida

Westamerikanische Auster (franz.: Huître plate indigène; engl.: Western oyster, native oyster)

Vergleichbar der Europäischen Auster, hat auch die amerikanische Version des flachen Austerntyps, die an der Westküste (Pazifikküste) der USA gezüchtete Westamerikanische Auster, wissenschaftlich korrekte Bezeichnung Ostrea lurida, ganz vehement um ihren Bestand zu kämpfen. Sie wird nicht sonderlich groß – ca. 5 cm –, doch ihr Geschmack steht dem der berühmteren Europäischen Auster kaum nach.

Tiefe Auster – Crassostrea angulata

Portugiesische Auster (franz.: Huître creuse, huître Portugaise, Portugaise; engl.: Portuguese cupped oyster)

Bis zum Beginn der 60er Jahre unseres Jahrhunderts war die Portugiesische Auster oder auch einfach nur Felsenauster genannt, wissenschaftlicher Name Crassostrea angulata, die einzige in Europa heimische tiefe Austerngattung. Mit dem Vordringen der Pazifischen Felsenauster verlor sie nicht nur diese Sonderstellung, sondern wurde inzwischen von der Exotin auch auf den zweiten Platz der wichtigsten europäischen Austernarten verdrängt – wobei es rein von ihrem Äußeren her kaum möglich ist, sie von der pazifischen Schwester zu unterscheiden. So ist es kein Wunder, daß in Frankreich die dominierenden Pazifischen Austern fälschlicherweise oft noch als Portugaises ausgegeben werden. Während die Portugiesin also in Europa auf dem Rückzug ist, wird sie in den USA neuerdings verstärkt gezüchtet.

Die im Vergleich zur Europäischen Auster weitaus widerstandsfähigere, viel weniger salzhaltiges Wasser benötigende und auch schneller wachsende Portugiesische Auster besitzt eine tiefe, bauchige, zerklüftete, rauhe, längliche Schalenhülle, die in farblichen Abstufungen von grau bis bräunlich schimmert und auch grün gefärbt sein kann. Das Muschelfleisch hat eine grauviolette Farbe. Während die Europäische Auster zur Nahrungsaufnahme pro Stunde lediglich fünf Liter Wasser filtert, sind es bei der Portugiesin bis zu 15 Liter; was zur Folge hat, daß überall dort, wo beide Austerntypen zusammen vorkommen, die tiefen Portugiesischen Austern die flachen Artverwandten regelrecht aushungern.

Die herber, mehr nach Jod und Salz schmeckenden Portugiesischen Austern sind in der Regel preislich günstiger zu erhalten als die flachen Austern. In Frankreich, dem für seine creuses berühmten Land, hat der Preis für die tiefen Austern allgemein in den letzten Jahren etwas nachgegeben, was allerdings in erster Linie durch die in großer Zahl auf den Markt geworfenen pazifischen Artgenossen verursacht wurde – die immer rarer werdenden Portugiesischen Austern dürften in Zukunft im Preis eher wieder anziehen. Hierzulande werden bevorzugt die sogenannten fines de claire angeboten.

Im Unterschied zur flachen Ostrea edulis werden die verschiedenen Sorten der tiefen Felsenauster nicht nach Herkunftsorten, sondern nach den jeweiligen Zuchtmethoden benannt, die zugleich eine qualitative Rangordnung ausdrücken.

Die wichtigsten Crassostrea angulata-Sorten

▷ Huîtres de parc:
In der Hierarchie der Portugaises bilden die huîtres de parc die unterste Stufe. Diese Austern werden unter Verzicht auf in speziellen Zuchtzentren durchgeführte Verfeinerungsmethoden direkt aus den Austernparks der französischen Atlantikküste - daher auch der Name »Parkauster« - in den Handel gebracht.

▷ Claires:
In Klärteichen, eben den »claires«, vor allem in Marennes und den Inseln Oléron und Ré gemästete Austern, die genauso wie die berühmten flachen Marennes durch ihre Grünfärbung, verursacht durch die gleiche Kieselalge, bekannt sind.

▷ Fines de claire:
Im Unterschied zu den einfachen claires wird bei den fines de claire darauf geachtet, daß in den Klärteichen nur eine bestimmte, recht kleine Zahl von Austern pro Quadratmeter nebeneinander zu liegen kommen, damit sie durch die Möglichkeit größerer Nahrungsaufnahme mehr Fett ansetzen können. Da die fines de claire zudem längere Zeit als die claires in den Bassins verweilen, verfügen sie über eine intensivere Grünfärbung und der auf den Algenverzehr rückführbare Nußgeschmack ist bei ihnen weitaus stärker ausgeprägt.

▷ Spéciales de claire:
Die Krönung aller Portugiesischen Austern bilden die spéciales de claire, die noch länger und in einer noch geringeren Zahl pro Quadratmeter in den Salzwasserteichen ge-

mästet werden. Sie verwöhnen Augen und Gaumen durch eine wunderbare grüne Farbe, einen delikaten Nußgeschmack und ihre fette Vollfleischigkeit; selbstverständlich ist für sie am tiefsten in die Tasche zu greifen.

Tiefe Auster – Crassostrea gigas

Pazifische Felsenauster (franz.: Huître creuse du Pacific; engl.: Japanese oyster, Pacific king oyster, Pacific cupped oyster)

Die Pazifische Felsenauster, auch Japanische Auster genannt, da sie ursprünglich von der japanischen Küste und den Gestaden des Chinesischen Meeres stammt, in der wissenschaftlichen Terminologie Crassostrea gigas getauft, steht in der äußeren Form der Portugiesischen Auster sehr nahe. Sie ist allerdings zuweilen etwas stärker gewölbt als diese, größer, bis zu 30 cm lang (wobei sie ab einer gewissen Größe nicht mehr in der Länge weiterwächst, sondern stattdessen umfangmäßig zulegt) – daher auch oft Riesenauster genannt – und entwickelt sich noch schneller als die »Portugiesin« zur Marktreife.

Bei den Crassostrea, der am weitesten verbreiteten Art der Gigas, unterscheidet man in Japan übrigens vier Varianten. Mengenmäßig an der Spitze steht die Miyagi-Auster, deren Nachkommen in Europa anzutreffen sind. Dann gibt es weiter die – langsam wüchsige, sehr große – Hokkaido-Auster, die Hiroschima-Auster und die Kumamoto-Auster.

In Frankreich, woher die meisten hierzulande angebotenen Gigas stammen, benennt man die verschiedenen Sorten dieser tiefen Austerngattung wegen der Ähnlichkeit mit den Portugaises ebenfalls nach den entsprechenden Zuchtmethoden, also fines de claire etc.

Ob sich der alte Name Friesen-Auster - in diesem Fall richtet sich die Namensgebung also nicht nach der Zuchtmethode, sondern wie bei der flachen Auster nach der Herkunft - für die an der deutschen Nord- und Ostseeküste gezüchteten Crassostrea gigas wieder durchsetzen wird, wird wohl nicht zuletzt davon abhängen, ob es den dortigen »Bauern des Meeres« bzw. Fischern gelingt, eine Aufzucht mit kontinuierlich wachsenden Erträgen aufzubauen. Schon jetzt unterscheiden sich die deutschen Gigas beispielsweise von den fines de claire durch das intensive Weiß ihres Fleisches, sie sind schnellwüchsiger, vollfleischiger, cremig und haben zuweilen einen fast süßlichen Nachgeschmack.

Tiefe Auster – Crassostrea virginica

Amerikanische Auster (franz.: Huître creuse américaine; engl.: Eastern oyster, Atlantic oyster, American cupped oyster)

Was die äußere Form und die Farbe des Fleisches betrifft, so gleicht die meist runde Amerikanische Auster von der Ostküste (Atlantikküste) der Vereinigten Staaten von Amerika mit dem lateinischen Namen Crassostrea virginica, weswegen sie auch oft nur als Virginische Auster bezeichnet wird, sehr stark der flachen Europäischen Auster. Doch die Zoologen zählen die Amerikanische Auster nicht zuletzt wegen ihrer geschlechtsspezifischen Merkmale zu den tiefen Austern.

Ähnlich wie bei der Europäischen Auster werden auch bei der Crassostrea virginica, die trotz oder wegen des höheren Fleischanteils nicht ganz an deren Geschmack herankommt, die verschiedenen Sorten nach den Herkunftsorten benannt.

Am bekanntesten sind die aus Long Island stammenden Blue Points, gefolgt von den Cape Cods, den Kent Islands, den Chincoteagues und den Apalachicola.

Trotz der Sortenvielfalt werden nur zwei Haupttypen von Austern unterschieden: die flache Auster und die weltweit dominierende tiefe Auster. Doch diese Dominanz gilt nur für die Menge der gezüchteten bzw. geernteten Muscheln; was die Qualität der kostbaren Schalentiere angeht, so behauptet die flache, milde Auster mit ihren Renommiersorten Belon oder Colchester weiterhin die Spitze – wenn auch eine nicht unbeträchtliche Zahl der Feinschmecker die herben, nach Nüssen schmeckenden claires vorziehen mag.

Austernkategorien – wo Nullen eine Menge zählen

Es gibt geradezu sagenhaft anmutende Erzählungen über die Größe von Austern. So haben Seeleute im vorigen Jahrhundert beim westindischen Goa mit dem Schiffsanker eine Riesenauster an Bord gehievt: Schalendurchmesser ca. eineinhalb Meter, 50 Kilogramm schieres Muschelfleisch. Glückliches 19. Jahrhundert, mag da mancher Feinschmecker geneigt sein, seufzend auszustoßen. Doch eine Delikatesse wird dieser Gigant keinesfalls gewesen sein – denn Austern müssen sich nun einmal, wenn sie echte Leckerbissen sein wollen, mit weitaus bescheideneren Größenordnungen zufriedengeben.

Von large bis small – von Nr. 0 bis Nr. 5

Entgegen einem vielleicht naheliegenden Schluß, entwikkeln sich nicht alle Austern in der gleichen Weise. Es gibt daher durchaus ausgewachsene Schalentiere der gleichen Sorte, die klein sind, natürlich auch mittelgroße Exemplare bis hin zu regelrechten Riesentieren.

Wer sich durch die gerade betrachtete Sortenvielfalt

bereits ein wenig verwirren ließ, der wird sich über die verschiedenen Methoden der größenmäßigen Klassifizierung der Austern wahrscheinlich kaum noch wundern. Es gibt kein einheitliches System, von Land zu Land und von einer Austernsorte zur anderen kann es wechseln. Sicherlich alles andere als eine befriedigende Lösung, doch es existieren einige Klassifizierungen, deren Kenntnis den Umgang mit Austern doch schon erheblich erleichtert.

Am einfachsten machen es sich und den Verbrauchern die Amerikaner mit ihren Austernklassen; sie kennen unabhängig von der Sorte nur drei Größenbezeichnungen:

US-Austern-Größenbezeichnungen

Large	=	groß
Medium	=	mittel
Small	=	klein

Eine ähnliche Klassifizierung haben die Franzosen auch für die Portugiesische und die Pazifische Auster eingeführt:

Klassifizierung der französischen tiefen Austern (1. Möglichkeit)

Très Grand (TG)	=	sehr groß	=	100 Gramm und mehr
Grand (G)	=	groß	=	75–99 Gramm
Moyen (M)	=	mittel	=	50–74 Gramm
Petit (P)	=	klein	=	weniger als 50 Gramm

In Frankreich hat man sich sogar zu einer noch weitergehenden Vereinfachung durchgerungen:

Klassifizierung der französischen tiefen Austern (2. Möglichkeit)

Grosses	= groß	(fines de claire 86 Gramm, spéciales 93 Gramm)
Moyennes	= mittel	(fines de claire 65 Gramm, spéciales 70 Gramm)
Petites	= klein	(fines de claire 43 Gramm, spéciales 47 Gramm)

Doch hier beginnen die Komplikationen bereits, denn es gibt für diese beiden wichtigsten Austernsorten auch weiterhin die Staffelung nach einem älteren, wesentlich komplizierteren System:

Klassifizierung der französischen tiefen Austern (3. Möglichkeit)

Nr. 0	=	100 (ca. 150 Gramm)
Nr. 1	=	120 (ca. 125 Gramm)
Nr. 2	=	150 (ca. 100 Gramm)
Nr. 3	=	200 (ca. 75 Gramm)
Nr. 4	=	250 (ca. 60 Gramm)
Nr. 5	=	300 (ca. 50 Gramm)

Diese traditionelle Klassifikation von 0 bis 5 gibt an, wie viele Austern einer bestimmten Größe man braucht, um die Bezugsgröße von 15 Kilogramm (Inhalt eines gebräuchlichen Austernkorbes, früher auch 13 Kilogramm) zu erreichen - woraus sich das in Klammern angegebene Gewicht für das Einzelexemplar ergibt.

Nun zu den flachen Austern, bei denen in Frankreich, England und Irland folgende Einstufung nach Mindestgewicht gilt:

Klassifizierung der flachen Austern in Frankreich/England/Irland

Nr. 4	=	40 Gramm
Nr. 3	=	50 Gramm
Nr. 2	=	60 Gramm
Nr. 1	=	75 Gramm
Nr. 0	=	90 Gramm
Nr. 00	=	100 Gramm
Nr. 000	=	110 Gramm
Nr. 0000	=	120 Gramm
Nr. 00000	=	150 Gramm

Eine Einschränkung ist für die Belons zu machen, bei denen drei Nullen normalerweise das Höchstmaß darstellen. Und für die niederländische Imperiale ist ein völlig anderes Nullensystem mit Mindestgewichten gültig:

Größenstaffelung der Imperiales

00	=	50- 55 Gramm
000	=	60- 65 Gramm
0000	=	70- 75 Gramm
00000	=	80- 85 Gramm
000000	=	90- 95 Gramm
000000/Super	=	100-125 Gramm

In Deutschland besteht angesichts der überschaubaren Zahl von gezüchteten Austern noch keine Notwendigkeit, eine einheitliche Staffelung nach Größe einzuführen, zumal dies einen nicht unerheblichen personellen Mehraufwand zur Folge hätte. Man bemüht sich vielmehr darum, die Austern mit einem stets in etwa gleichen Gewicht, seien es 60–90 Gramm (Dittmeyer) oder 70–90 Gramm (Clausen), auf den Markt zu bringen. Clemens Dittmeyer: »Mehr als 90 Gramm ist zuviel, denn wenn man zum Vergleich eine französische fines de claire von 110–120 Gramm heranzieht, so entspricht deren Fleischgehalt in etwa dem der Friesen-Auster von 60 Gramm. Das ermöglicht halt das nährstoffreiche Wattenmeer.«

Die Neueinführung eines gestaffelten, komplizierten Systems würde auch insofern keinen Sinn machen, als man im Ausland für die Massenware – nicht für die Top-Austern, die wohl auch künftig in den Restaurants mit den wohlklingenden Nullen angeboten werden – die Tendenz hin zu einer möglichst einfachen Regelung wie in den USA mit klein, mittel und groß beobachten kann.

Kleine Auster – hoher Fleischanteil

Wichtig zu wissen ist, daß die größten und fettesten Austern beileibe nicht die empfehlenswertesten sind. Sie sind lediglich teurer als die kleineren Exemplare, dafür geschmacklich aber um keinen Deut besser. Es gilt vielmehr die Regel: Je größer die Auster wird, desto schlechter stellt sich das Verhältnis Fleisch- zu Schalenanteil dar, d.h. je kleiner die Auster, desto höher ist der Fleischanteil. Wer also das Hantieren mit dem Austernmesser einigermaßen beherrscht, der fährt beim Einkauf am besten mit der goldenen Mitte.

Wer sich im Austernparadies Frankreich mit Freunden einmal so richtig an den Schalentieren satt essen möchte, ohne sich dabei gleich finanziell zu ruinieren, der lasse sich vom Händler Riesenportionen der sogenannten *papillons* einpacken. Dabei handelt es sich um kleinste fines de claire, Nr. 5 (40–45 Gramm), fast rund, deren Schalen entfernt an die Flügel eines Schmetterlings (franz.: papillon) erinnern.

Allgemeine Angaben über den Fleischgehalt einer Auster zu machen, ist problematisch. Nur soviel soll gesagt werden, daß beispielsweise die hierzulande angebotenen fines de claire im Schnitt einen Fleischanteil von nicht gerade üppigen 10–12% haben und daß dieser bei fetten spéciales de claire oder auch den an der deutschen Nordseeküste aufgepäppelten Gigas bis zu 20% steigen kann.

Was die Staffelung nach Austerngrößen angeht, so ist weltweit die Tendenz hin zu einer Vereinfachung der bestehenden Klassifizierungssysteme zu beobachten – was nicht heißt, daß das altbewährte Nullen-System gänzlich abgeschafft wird. Es wird lediglich, speziell bei der Massenware, durch die Drei-Staffelung klein – mittel – groß überlagert, wobei bereits eine steigende Nachfrage nach den kleineren, preisgünstigeren und dennoch wohlschmeckenden Austern zu konstatieren ist.

Abbildung oben:

Tiefe und flache Austern

Abbildung unten:

Am besten schmecken Austern »nature«, zusammen mit Brot und z.B. einem trockenen Wein

Austern - in Deutschland ein teures Vergnügen

Was dem verstärkten Absatz der edlen Meeresmuschel hierzulande am meisten entgegensteht, ist der im Vergleich zu Frankreich beispielsweise eminent hohe Preis, den deutsche Feinschmecker für die Gourmandise zahlen müssen. Wenn man in einem Restaurant z.B. 24 DM für ganze vier Exemplare der feinen Belons (Größe 00) berappen soll, so bedeutet das zumindest für den Austernnovizen, der vielleicht schon allerlei Ungereimtes über den Geschmack des Schalentieres gehört hat und daher unsicher ist, ob ihm das Muschelfleisch munden wird, eine beachtliche Hemmschwelle. Hier könnte das Gastro-Gewerbe durch eine entsprechend moderatere Preisgestaltung sicherlich noch Austern-Pionierarbeit leisten.

Frei Rungis für 25 bis 35 Pfennige

Wer schon einmal durch die französischen Austernzentren gezogen ist, der weiß, daß man dort die Delikatesse zum Spottpreis von umgerechnet ca. 35 Pfennigen am Verkaufsstand erwerben kann - ungeöffnet, versteht sich.

Nicht viel anders sieht es auf dem Pariser Großmarkt Rungis aus, wo sich viele der den deutschen Markt beliefernden Großhändler mit Ware eindecken. Für die fines de claire, mit denen die Franzosen von Oktober bis Dezember in der Bundesrepublik gleichsam allgegenwärtig sind, zahlt der Großhändler in diesen drei Monaten, in denen in Frankreich 85% des Austern-Jahresumsatzes erzielt werden, in Rungis zwischen 25 und 35 Pfennigen pro Stück; was nur möglich ist, weil sich die französischen Austernzüchter in diesem Vierteljahr einen beinharten Preiskampf liefern. Der Großhändler schlägt bei den fines de claire zwischen 15 und 20 Pfennige drauf und gibt sie mit dieser Marge an den deutschen Restaurateur weiter. Und der beginnt zu kalkulieren, wobei Aufschläge von 300% als völlig normal anzusehen sind.

Die 40 Pfennige für eine fine de claire sind zugegebenermaßen die unterste Grenze, die ein Restaurateur hierzulande für eine Auster zu zahlen hat, der Höchstpreis für tiefe Austern liegt derzeit bei ca. 90 Pfennigen das Stück. Für die flachen Austern muß er weitaus tiefer in die Tasche greifen: Der Preis für die Imperiale beispielsweise bewegte sich Anfang 1988 zwischen 1,60 und 2 DM, das mal drei... So ist es nicht weiter verwunderlich, daß man in deutschen Restaurants zwischen 1,50 und 9 DM (extragroße Belon) für eine Auster anlegen muß.

Im Unterschied zu den Imperiales, die halt jedem Gourmet geläufig sind, können die deutschen Züchter einen vergleichbaren Markennamen (noch) nicht vorweisen. Der Restaurantbesitzer wird daher nicht schlecht staunen, wenn ihm die an der deutschen Nord- und Ostseeküste aufgewachsenen tiefen Austern zum Stückpreis von ca.

1,50 DM angeboten werden. Da müssen die deutschen Züchter schon jede Menge Überzeugungsarbeit leisten, um in die hehren Hallen der Gastronomie Einzug halten zu können – gerade in der Vorweihnachtszeit, wenn auch hierzulande Austern-Hauptsaison ist. Denn ab den Monaten Januar bzw. Februar fahren die Franzosen die Preise ein Stück höher, dann kostet eine fine de claire in Rungis schon 50 bis 55 Pfennige, was natürlich immer noch ein Stück von der 1,10 DM-Marke entfernt ist, zu der beispielsweise Dittmeyer's Austern-Compagnie die Schalentiere an den Großhandel abgibt.

Da sind die deutschen Austernzüchter, was den Preis betrifft, bei der Lieferung an den Privatkunden schon weitaus konkurrenzfähiger, denn hier kann der Verbraucher bei der Abnahme von einem Dutzend importierter Austern im Feinkostgeschäft spielend 2,50 DM pro Stück bezahlen. Dittmeyer nimmt bei Bestellungen von Privatkunden 2,10 DM pro Exemplar. Clausen verlangt für das Dutzend 26,40 DM (inclusive Fracht und Verpackung), ab fünf Dutzend ermäßigt sich der Preis auf 1,50 DM pro Stück (zuzüglich 15 DM Fracht und Verpackung).

Eine andere Möglichkeit, relativ preiswert Austern zu schlürfen, bieten schon einmal die Gourmettreffs in Kaufhäusern oder Delikatessenläden; da kann die Auster durchaus schon für 1 DM zu erstehen sein; allerdings wird dieser Niedrigpreis durch einen entsprechenden Aufschlag beim begleitenden Glas Champagner ausgeglichen ...

Für all jene, die deutsche Nordseeaustern in größeren Mengen – vielleicht für eine Austernparty oder auch fürs eigene Geschäft, fürs eigene Restaurant o.ä. – zu einem möglichst günstigen Preis beziehen möchten, hier die

Adressen der wichtigsten Großhändler, mit denen z.B. Dittmeyer's Austern-Compagnie zusammenarbeitet:

Bedeutende Austern-Großhändler in der BRD

De Pastre	Lützowstraße 24, 4300 Essen
Deutsche See	Am Lunedeich, 2850 Bremerhaven
Edelfisch	Am Hauptgüterbahnhof 7, 6000 Frankfurt/Main
Fisch Engert	Bayreuther Straße 92, 8450 Amberg
B. Essmann & Co.	Große Elbstraße 212, 2000 Hamburg 50
Christian Goedeken	Große Elbstraße 210, 2000 Hamburg 50
Fischhandlung Gosch	Hafenstraße 16, 2282 List
Heinz Grünewald	Heiliger Weg 60, 4600 Dortmund 1
Lindenberg	Uhlandstraße 16–18, 1000 Berlin 12
Carl Maassen	Kaistraße 4, 4000 Düsseldorf 1
Carl Moll & Co.	Mercedesstraße 65, 7000 Stuttgart 50
Rungis Express	Am Hambuch 2, 5309 Meckenheim
Erich v. Schach	Buchtstraße 10, 2000 Hamburg 76
Schwinning & Co.	Gotzingerstraße 19/21, 8000 München 70
Eduard Sörensen	Marienhofweg 119–123, 2250 Husum
Zündorf Delikatessen	Daimlerstraße 3, 5030 Hürth

Ein Volk von Austernessern werden die Deutschen in naher Zukunft sicherlich nicht werden; erst recht wird die Auster hierzulande kein Volksnahrungsmittel werden wie in den USA. Dem steht einfach der (zu) hohe Preis für das edle Schalentier entgegen. Doch vielleicht können die neuen deutschen Austern-anbieter auch diesbezüglich für etwas Bewegung auf dem Markt sorgen.

Die Austernzucht

Betrachtet man die verschiedenen, recht arbeitsintensiven Etappen, die zurückgelegt werden müssen, bis sich aus der winzigen Larve eine gestandene Auster entwickelt hat, so ist es für einen Außenstehenden eigentlich kaum zu verstehen, wieso diese Delikatesse beispielsweise in Frankreich so preiswert angeboten werden kann. Frühestens nach drei Jahren kann der Züchter die Frucht seiner Arbeit ernten, sprich, die Auster auf den Markt bringen; doch in der Regel dauert die Hege und Pflege des feinen Schalentieres, damit es richtig schön fett und vollfleischig wird, noch ein paar Jährchen länger ...

Vorbildlich: Frankreichs Austernkultur

Mit schöner Regelmäßigkeit ist es an Frankreichs Atlantikküste jedes Jahr zwischen Juni und August wieder soweit: Die Austernlarven treiben, ganz der Strömung ausgeliefert, auf dem Wasser. Ihre Zahl läßt sich nicht einmal annähernd schätzen, kann es doch eine einzige – ab dem zweiten Lebensjahr ablaichende – Auster auf mehr als eine

Million – die Amerikanische Auster angeblich sogar auf bis zu 15 Millionen – Nachkommen bringen. Der Schwebezustand der Larven dauert etwa zwei Wochen, dann suchen sich die Tiere, die nach dieser kurzen Zeit schon eine leimartige, noch durchscheinende Schale entwickelt haben, – zu Boden sinkend – eine feste Unterlage, um sich niederzulassen.

Und die Züchter erleichtern ihnen die Suche, indem sie sogenannte *collecteurs*, Brutsammler, aufgestellt haben, an denen sich die Larven mittels ihres mit Klebedrüsen versehenen Fußes festsetzen und anschließend durch Vorstülpen ihres Mantelrandes regelrecht festkitten. Collecteurs können z.B. sein: gekalkte Dachziegel – im Bassin d'Arcachon sind davon beispielsweise bereits mehr als sieben Millionen Exemplare aufgeschichtet –, Metallrohre, Gestelle aus Holz und Eisenstangen, Plastikstäbe oder auf Drähte aufgereihte Muschelschalen.

Auf den ersten Blick mag das Aufstellen der Brutsammler als völlig unproblematisch erscheinen; doch es ist eine ziemlich spannende Angelegenheit, die ohne die Unterstützung durch staatliche Forschungsstellen, die den Züchtern bei der Festlegung des optimalen Zeitpunkts durch ständige Messungen der Temperatur des Wassers, dessen Säuregehalt, Sauerstoffmenge etc. behilflich sind, noch viel aufregender und ungewisser wäre. Denn stellen die Züchter die Kollektoren zu früh auf, so werden diese sehr schnell von Schlick, Schlamm und Schmarotzern überdeckt; sind sie damit aber nur ein wenig in Verzug, haben sich die Larven vielleicht bereits woanders niedergelassen.

Soweit der natürliche Brutfall; die französischen Züchter können natürlich genau wie ihre Kollegen in anderen europäischen Ländern die Setzlinge oder Saataustern (Gewicht zwischen einem halben und fünf Gramm) auch aus speziellen Brutanstalten beziehen, für einen vergleichsweise geringen Obulus von umgerechnet wenigen Pfennigen. Denn was nützt beispielsweise eine noch so fette Auster, wenn diese auf dem Brutsammler schief gewachsen ist - das Auge des Kunden entscheidet beim Kauf schließlich mit. Und es gibt in Frankreich erstklassige Austern-Brutanstalten, mit Spezialisten, nach denen sich die Züchter in anderen Ländern die Finger lecken würden.

Reife in den Austernparks

Die im Sommer mit möglichst vielen Larven besetzten Brutsammler werden im folgenden Frühjahr, nach etwa acht bis neun Monaten, mitsamt den dann fingernagelgroßen Jungaustern auf ein flaches Boot geladen und zu den *cabanes*, kleinen hüttenähnlichen Häusern, transportiert.

Hier werden die Jungaustern von den Züchtern vorsichtig von ihren Unterlagen geschabt und anschließend in die in der Gezeitenzone gelegenen sogenannten Austernparks gebracht, deren verschiedene Parzellen man häufig schon von weitem an der aus dem Wasser herausragenden Stangeneinzäunung erkennen kann. Hier bleiben die Austern mindestens 18 Monate, meist jedoch zwei bis drei Jahre.

In Zuchtgebieten, in denen das Wasser bei Ebbe völlig abfließt, werden die Austern direkt, in flachen Drahtkästen oder - inzwischen am häufigsten - in Plastiksäcken, den sogenannten *Poches*, auf dem Meeresboden ausgelegt. In den übrigen Zuchtregionen werden die Behältnisse auf Metallgestelle deponiert - Ausnahme Mittelmeer, wo wegen der geringen Gezeitenunterschiede sogenannte Austernbäume Verwendung finden, die senkrecht im Wasser hängen.

Während der gesamten Zeit, die die Austern in den Parks verbringen, müssen die Tiere regelmäßig gewendet werden, damit sie gleichmäßig wachsen, miteinander verklebte Tiere müssen wieder getrennt sowie Schlamm und Schmarotzer entfernt werden.

Veredelung in Mästungsparks

Nach drei oder vier Jahren hat die an der französischen Atlantikküste solchermaßen gezüchtete Auster in der Regel eine ausreichende Marktgröße erreicht. Austern, die direkt aus den Parks ohne das Durchlaufen weiterer Veredelungsstufen auf den Markt gebracht werden, werden huîtres de parc, Parkaustern, genannt. Doch da diese Austern normalerweise nicht richtig fett und vollfleischig genug sind, werden sie meist in spezielle Mästungsparks, *parcs d'engraissement*, überführt, wo das reiche Nahrungsangebot, Plankton und Kleinstalgen, dafür sorgt, daß die Leber mit einem Kohlehydrat, dem Glycogen, überladen und dadurch die Auster schön fett wird.

Spezialität: Die sogenannten claires

Berühmt für ihre Veredelungs- bzw. Mästungsbecken ist in Frankreich die Region Marennes/Ile d'Oléron. Hier bedient man sich zur besonderen Pflege der edlen Schalentiere alter Bassins, *claires*, die einstmals zur Salzgewinnung benutzt wurden. Im Unterschied zu den Austernparks ist das Wasser hier nicht ganz so salzhaltig, wesentlich sauberer und vor allem nährstoffreicher. Eine in diesen Teichen lebende

Algenart, die Kieselalge namens *Navicula*, ist der ganze Stolz der Züchter, verleiht sie doch den sie verzehrenden Austern eine feine Grünfärbung, die vom Konsumenten so sehr geschätzt und entsprechend gut bezahlt wird.

Die Züchter haben zusätzlich in den claires künstlich eine Rangordnung installiert. Da gibt es zunächst die unterste Austernklasse, die einfachen claires, die keinerlei Sonderbehandlung erfahren und sich daher in großen Mengen dicht gelagert gegenseitig die Nahrung streitig machen. Die fines de claires haben es da schon wesentlich besser; bei ihnen wird streng darauf geachtet, daß pro Quadratmeter nicht mehr als 20 Exemplare nebeneinander liegen, die in aller Ruhe rund zwei Monate lang Kieselalgen satt fressen können. Und der Elite, den spéciales de claire, wird ein noch großzügigeres Platzkontingent eingeräumt; hier hat eine Auster auf einem Quadratmeter lediglich neun Nahrungskonkurrenten als Nachbarn und kann sich bis zu vier Monate lang nach Herzenslust an den Algen gütlich tun.

Letzter Schliff in den sogenannten dégorgeoirs

Wer unter der Vokabel »dégorgeoir« bislang immer nur das deutsche Wort Spülmaschine verstanden hat, der liegt auch in dem hier behandelten Kontext nicht völlig falsch. Denn bevor die Austern den Weg zum Kunden antreten, machen sie noch einen letzten kurzen Zwischenstopp in den *dégorgeoirs.*

Dégorgeoirs nennen die französischen Austernzüchter die mit besonders reinem, gefilterten Meerwasser gefüllten Spezialbecken, in denen die Tiere letzte etwaig vorhandene Verunreinigungen wie Sandkörner o.ä. ausscheiden können. Da diese Becken bei Ebbe entleert werden, »lernen« die Austern dort zugleich in dem etwa einwöchigen »Kurs«, ihre Schalen mit dem darin gespeicherten Wasser während dieser »Trockenzeit« fest verschlossen zu halten, ein Wissen, das ihnen beim folgenden Transport zu dem jeweiligen Kunden sehr zustatten kommt. Im Schnitt erntet ein französischer Züchter übrigens vier bis fünf Tonnen Austern pro Tag.

»Made in France« – kein Freibrief

Ein Austernfreund, der nun im Besitz des bis hierhin vermittelten Wissens sicher zu sein glaubt, beim Kauf der geschätzten Muschel, z.B. der berühmten spéciales de claire, keinen Fehler mehr machen zu können, wird zu seiner großen Enttäuschung feststellen müssen, daß auch der Austernkauf letztendlich Vertrauenssache ist. Denn trotz teils deckungsgleicher Zuchtmethoden ist Austernzüchter beileibe nicht gleich Austernzüchter. Nicht einmal in Frankreich ist man davor gefeit, auch einmal an den falschen zu geraten.

Ein bekannter französischer Küchenchef beurteilt die Qualität der in der Region Marennes/Ile d'Oléron gezüchteten Austern folgendermaßen: »Unter den 1200 hauptberuflichen Züchtern wird man kaum mehr als 20 erstklassige finden.« In den anderen Austernzentren soll die Situation auch nicht besser sein.

Als äußerst problematisch wird von dem gleichen maître de cuisine die von verschiedenen französischen Züchtern geübte Praxis bewertet, schon fast marktreife Austern im Ausland relativ preisgünstig zu erwerben, die Tiere dann einige Wochen in den heimischen Küstengewässern zu mästen und die dadurch gewissermaßen geadelten Austern als französische Erzeugnisse mit Gewinn zu verkaufen. Doch dieser Praxis rückt der französische Staat seit 1983 verschärft zu Leibe, denn seit diesem Jahr muß zum Betreiben einer Austernzucht eine Lizenz beantragt werden, über deren Erteilung eine aus fischereibehördlichen Vertretern und Züchtern gemischt zusammengesetzte Kommission zu entscheiden hat.

Hängekultur – Japans besonderer Beitrag zur Austernzucht

Was die Gewinnung der Austernbrut betrifft, so unterscheidet sich die Arbeit der japanischen Züchter kaum von derjenigen ihrer französischen Kollegen. Lediglich bei den Kollektoren gesellen sich zu den in Europa üblichen Dachziegeln, Schalen etc. einige neue Materialien wie Bambusstöcke, die besonders unempfindlich gegen die Einwirkungen des Salzwassers sind. Oft werden die Austern auch an Bambusstöcken aufgezogen, oder man streut die Jungaustern einfach in vorbereiteten Parks aus.

Doch weitaus häufiger setzt man in Japan auf die im Jahr 1923 entwickelte Methode der Hängekultur. Dabei wachsen die Austern an vertikal im Wasser hängenden Drähten oder Langleinen, die ihrerseits direkt an Flößen oder an Verbindungsleinen bzw. -drähten zwischen verschiedenen festverankerten Flößen befestigt sind. Entlang der Drähte bzw. Langleinen sind mit Hilfe einer Art Abstandshalter durchbohrte Muschelschalen mit angesetzten

Jungaustern oder Austernlarven perlenkettenartig aufgereiht.

Die Hängemethode bietet verschiedene Vorteile: Zunächst einmal braucht sich der Züchter nicht um die Beschaffenheit des Meeresbodens zu kümmern, die Austern werden, da sie frei im Wasser schweben, nicht oder nur unwesentlich durch Schmutz, Schlick, Schlamm u.ä. verunreinigt. Wenn die Austern zur Marktgröße herangewachsen sind, hievt der Züchter die Leinen bzw. Drähte einfach nur in sein Boot, kneift einen die ganze Last haltenden Stift am Leinen- bzw. Drahtende ab und schon gleiten die Muschelschalen mit der Austernpracht gleichsam von selbst auf den Schiffsboden.

Deutsche Züchter – Anleihen und Neuansätze

Den Pionieren einer neuen deutschen Austernzucht an Nord- und Ostsee war von vornherein klar, daß sie nicht einfach die in anderen Ländern oder Regionen erprobten Zuchtmethoden übernehmen konnten, sondern daß man sich aus all dem Bewährten genau dasjenige heraussuchen mußte, was den speziellen Anforderungen dieser – vor allem klimatisch – nicht ganz unproblematischen Region am ehesten gerecht zu werden versprach, und so dies nicht genügen sollte, selbst neue Zuchtmethoden entwickeln mußte.

Dabei konnten sich die ersten »Züchter«, zunächst ausnahmslos Fischer, die gleichsam nebenbei auch noch ein paar Austern aufziehen wollten, auf die Unterstützung durch die Hamburger Bundesforschungsanstalt für Fischerei verlassen, die seit Anfang der 70er Jahre für mehrere

Austern-Forschungsprojekte federführend war und deren Zielsetzung etwa so lautete: Industriell verwertbare Aufzuchtverfahren entwickeln, eine einheimische Reproduktion zu versuchen, um vom Import ausländischer Saataustern unabhängig zu werden, optimale Standorte für den Aufbau einer Zucht zu finden, um das z.T. brachliegende Wattenmeer zu nutzen und damit zusätzliche Arbeitsplätze für die heimische Fischwirtschaft zu schaffen.

Überwinterungsanlagen für Austern

In der klimatisch nicht gerade begünstigten Nord- und Ostsee-Region sind die Züchter auf geeignete Überwinterungsanlagen angewiesen, denn die Austern können während der kalten Jahreszeit nicht wie beispielsweise in Frankreich im Meer verbleiben. Dies wird sogleich verständlich, wenn man sich die Bilder der riesigen Eisschollen vergegenwärtigt, mit denen Nord- und Ostsee fast jeden Winter bedeckt sind. Zudem besteht im Winter die Gefahr, daß die bei Ebbe z.T. freiliegenden Austern – die mit Wasser bedeckt durchaus Temperaturen unter dem Gefrierpunkt überstehen – einfrieren könnten.

Die deutschen Züchter sind also gezwungen, in Überwinterungsanlagen zu investieren. Das können einfache, mit einer Umwälzpumpe zur Sauerstoffzufuhr versehene Bassins sein, deren Wasser jedoch nicht zuletzt der Nahrung wegen häufig erneuert werden muß. Ideal ist daher eine Verbindung zum Meer; aber das kann dann teuer werden, zumal wenn man wie Dittmeyer's Austern-Compagnie auf Sylt beabsichtigt, die Austernzucht im großen Maßstab zu betreiben und daher auch einige Wasserkapazitäten benötigt.

Dittmeyer hat daher 1987/88 eine 270 m lange Seewasserleitung verlegen und eine große Überwinterungshalle mit hintereinander gestaffelten Stahlbetonbecken bauen lassen.

Großes Plus: Nahrungsreichtum

Der Standort Nord- bzw. Ostsee beschert den deutschen Austernzüchtern nicht nur Benachteiligungen gegenüber den ausländischen Konkurrenten, sondern auch einen riesigen Vorteil: Das ist der ungeheure Nahrungsreichtum vor allem der Nordsee, das überreiche Angebot an Algen und Plankton, das die Austern hier vorfinden, was zur Folge hat, daß die Austern hier weitaus schneller ihre Marktgröße erreichen und dann so fett und vollfleischig sind, daß Mästungsbecken o.ä. bei einem Fleischanteil von bis zu 20% absolut überflüssig sind.

Die Wachstumsraten der Austern an der Nordseeküste sind extrem hoch. Bei Austern von einem bis zwei Millimeter Größe konnten pro Tag Zuwächse von bis zu 45% gemessen werden. Je größer die Tiere werden, desto langsamer wird selbstverständlich auch das Wachstum; aber immerhin betrug der Größenzuwachs bei eineinhalb Zentimeter großen Austern noch täglich 7%. Da ist es nicht weiter verwunderlich, daß etwa zwei Jahre alte Austern mit einem Gewicht von 30 bis 35 Gramm, die Dittmeyer zur Aufzucht in der Nordsee bezieht, innerhalb einer einzigen Saison durch Verdoppelung ihres Gewichts zur Marktgröße heranwachsen können – um dann spätestens 48 Stunden nach Direktorder selbst in entfernten süddeutschen Städten einzutreffen.

Vertrauen auf Crassostrea gigas

Was die Austernart betrifft, so hatte die Bundesforschungsanstalt mit ihrer Entscheidung, für die Forschungsprojekte die Pazifische Felsenauster auszuwählen, die wegen ihrer Robustheit harte Winter besser übersteht als beispielsweise die Europäische Auster, ein wichtiges Präjudiz geschaffen; zumal die ersten Ein-Mann-Zuchtbetriebe die Saataustern nicht direkt aus den Ursprungsländern, sondern via Brutstation bezogen hatten.

Zuchtmethode Klebecontainer

Ein Ergebnis der Forschungsarbeiten in der Austern-Brutstation Langballigau an der Ostsee war die Entwicklung einer neuen Zuchtmethode durch Dr. Thomas Neudecker. Die zu einer Größe von 30 bis 35 Gramm herangewachsenen Jungaustern, sogenannte Halbwuchsaustern, werden dabei mit ein wenig Zement auf Metallgitter geklebt, die – mehrere Fächer übereinander – in einen durch Maschendraht gegen das Eindringen von Schädlingen geschützten Stahlrahmen eingeschoben werden.

Eine Methode, die sich zwar bewährt hat, die jedoch den Nachteil hat, daß sie wesentlich teurer ist als etwa die Aufzucht der Austern in Plastiksäcken, den auch in Frankreich benutzten Poches. Das räumt selbst Erfinder Neudecker durchaus ein: »Ein Platz für eine Auster kostet beim Klebecontainer-Verfahren ca. 1 DM, während man für einen Platz in einer Poche lediglich 15 Pfennige rechnen muß.«

Für die Klebecontainer, in denen 1500 bis 2000 Austern pro Kubikmeter untergebracht werden können, haben sich derzeit zwei der vier deutschen Züchter, Wolfgang Clausen und Fritz Ronnebeck, entschieden, die beide sehr eng zusammenarbeiten. Clausen: »Meine Erträge liegen bei einer Speiseausternproduktion von ca. 100 000 Stück. Ich versende meine Austern unsortiert, da diese durch die Containeraufzucht fast alle gleich groß und schön gleichmäßig in der Form sind.«

Clausen, der sich auf dem Gelände der ehemaligen Brutstation in Langballigau niedergelassen hat, macht aus dem Standortnachteil Ostsee – wo die Austern langsamer wachsen und nicht so fett werden wie in der Nordsee – einen Vorteil. Er importiert haferflockengroße Saataustern für sechs bis neun Pfennige aus Großbritannien. Diese zieht er dann in der Ostsee innerhalb einer Saison zur Halbwuchsauster auf, die er im folgenden Frühjahr beispielsweise an Dittmeyer's Austern-Compagnie für ca. 30 Pfennige weiterverkauft oder an Ronnebeck weiterleitet, der sie im Container fünf Monate zum Mästen in der Nordsee aussetzt. Anschließend, im August/September, werden die bei Ronnebeck gewissermaßen in Kommission gegebenen Austern wieder zur Ostsee transportiert, wo sie nicht nur durch den niedrigeren Salzgehalt milder im Geschmack werden, sondern durch die erhöhten Anstrengungen, die sie in der schwierigeren Umgebung machen müssen, kann es innerhalb von nur vier bis sechs Wochen zu einer nochmaligen Verdoppelung des Fleischanteils kommen.

Saataustern in Japanischen Laternennetzen

Zur Aufzucht der winzigen Saataustern zu Halbwuchsaustern bedient sich Clausen übrigens einer aus dem Fernen Osten übernommenen Methode. Er setzt die in Kunststoff-

Abbildung:

Pochierte Austern mit wildem Reis

Zutaten für vier Personen:
125 g wilder Reis
300 ml Wasser
Salz
65 g Möhren
65 g Lauch
20 g Butter
3/8 l trockener Weißwein (z. B. Elsässer Riesling)
24 frische Austern
150 g süße Sahne
2 Echalotten
1 kleiner Wirsingkohl
einige Spritzer Worcestersauce

Reis mit kaltem Wasser aufsetzen, aufkochen, schwach salzen und zugedeckt bei milder Hitze 40–45 Minuten garen. Möhren und Lauch schälen und in sehr kleine Julienne schneiden und in der Butter kurz dünsten. Die Austern öffnen und auslösen. Dabei das Wasser auffangen und durch ein Sieb über die Julienne gießen. Den Wein und die Sahne dazugeben und um ein Drittel einkochen lassen. Die Hitze reduzieren, die Austern in den Topf einlegen und zugedeckt 3 Minuten garziehen (pochieren), nicht kochen lassen. Die Sauce mit Salz und Worcestersauce abschmecken.

Echalotten schälen, sehr fein hacken und in etwas Butter glasig braten. Mit dem abgegossenen Reis vermischen. Vom Wirsingkopf 8 helle Blätter ablösen, in reichlich Salzwasser 5 Minuten blanchieren, kalt abschrecken und gründlich abtropfen lassen. Blattstrünke herausschneiden. Mit je zwei Blättern eine Kelle auskleiden, 1/4 des Reises hineinfüllen, mit den Blättern umhüllen und zu einer Kugel formen. Die Austern mit den Reisbällchen auf vorgewärmten Tellern anrichten.

kästen mit Netzeinlagen zu einer Größe von ca. zehn Millimetern herangewachsenen ehemaligen Saataustern in sogenannte *Japanische Laternennetze*, die an Leinen aufgereiht ins Wasser gehängt werden. Sie haben die Form eines langgestreckten Lampions und verfügen über fünf Etagen mit jeweils 50 Zentimeter Durchmesser. Alle zwei bis drei Wochen müssen sie aus dem Wasser gezogen und gründlich mittels eines kräftigen Wasserstrahls durchgespült werden.

Poches auf Eisentischen

Die Zukunft für eine deutsche Austernzucht in größerem Rahmen scheint bei einer Zuchtmethode zu liegen, die aus Frankreich übernommen wurde. Ihr wichtigster Exponent an der Nordseeküste: Dittmeyer's Austern-Compagnie.

Zunächst hatte die im April 1986 gegründete Firma Dittmeyer's Austern-Compagnie wie Clausen und Ronnebeck die Austernaufzucht mit Hilfe von Klebecontainern betrieben, doch im Frühjahr 1987 stellte Clemens Dittmeyer voll auf die auch in Frankreich bewährte Methode der Zucht der Austern in Poches, Plastiknetze mit je nach Austerngröße kleineren oder größeren Maschen, um.

Die Poches mit jeweils sechs bis zehn Kilogramm Inhalt liegen auf jeweils viereinhalb Meter langen Montiereisentischen, fünf Poches pro Tisch. Fährt man bei Ebbe auf der Küstenstraße entlang, so kann man auf eine eineinhalb Kilometer lange Kette von Poches mit jeweils 15 Tischen in der Reihe blicken. Wobei der Abstand zwischen den Tischreihen groß genug ist, um bequem mit einem Traktor mitten hindurch fahren zu können. Jawohl, Dittmeyer arbeitet mit Hilfe eines schwimmtauglichen Traktors, womit er die Berechtigung der Charakterisierung seines Berufes als »Wasser-Bauer« nachdrücklich unterstreicht.

Markenprodukt »Sylter Royal«

Dittmeyer, bei dem 1987 zwischen 500000 und 700000 Austern zur Vermarktung anstanden, beschränkt sich bei seiner Arbeit darauf, aus – größtenteils von Wolfgang Clausen, teilweise auch direkt aus Großbritannien bezogenen – zweijährigen Halbwuchsaustern von April bis November eines jeden Jahres Marktaustern zu züchten, deren Gewicht zwischen 60 und 90 Gramm schwanken kann. Doch Dittmeyer macht da keine Unterschiede, sondern bietet die Austern unter der Markenbezeichnung »Sylter Royal« an. Denn er möchte nicht irgendeine Auster züchten, sondern ein Markenprodukt für Austernkenner und -liebhaber.

Die moderne Austernzucht ist schon lange keine Fischerei mehr, sondern eher eine Art nasser Landwirtschaft, Marikultur genannt, bei der die Schalentiere in immer stärkerem Maße künstlich in Brutstationen aufgezogen und schließlich gewissermaßen im Meeresstall gemästet werden. Dafür gibt es verschiedene, den jeweiligen Regionen angepaßte Verfahren, wobei noch immer die bewährten französischen Zuchtmethoden – zumindest für den europäischen Raum – vorbildlich sind.

Austernessen will gelernt sein

Im Restaurant sieht alles so einfach aus. Gleichsam spielerisch und in Windeseile werden die lebenden Austern vom geschulten Fachpersonal von ihrer schützenden Hülle befreit. Wer hat diesen Vorgang nicht schon staunend beispielsweise in einem Pariser Feinschmeckertempel beobachtet - und sich dabei insgeheim gedacht, ganz so schwer kann es letztendlich wohl nicht sein. Doch Vorsicht, es soll sich schon eine Reihe von Austernfreunden beim heimischen Austernöffnen nicht unerhebliche Verletzungen zugefügt haben.

Austern – das klassische Hors d'œuvre

Austern bilden normalerweise innerhalb eines Menüs den ersten Gang - noch vor der vielgeliebten Suppe. Sie sind damit die Vorspeise par excellence, das geradezu klassische Hors d'œuvre. Sind die Austern Teil einer großen Platte mit verschiedenen Meeresfrüchten, so sollten die edlen Muscheltiere zuerst verspeist werden, da sie den feinsten Geschmack haben und nach dem Genuß von

Hummern, Krabben, Langusten etc. nicht mehr voll zur Geltung kommen können.

Ein Dutzend Austern genügen

Es ist sicherlich letztendlich eine Gewissens- und Geschmacksfrage, wie viele Austern man für eine Person rechnen sollte. Doch als Faustregel kann gelten, daß man beim Servieren der Austern (mittlerer Größe) als Vorspeise mit einem halben bis höchstens einem Dutzend pro Person auskommt. Sechs sind eigentlich zu wenig, zwölf schon fast zuviel, mit neun Exemplaren, der salomonischen Mitte, wird man wohl goldrichtig liegen. Beim Sekt- oder Champagnerfrühstück mögen's auch ruhig ein paar mehr sein ...

Ganz anders sieht es aus, wenn man die Austern nicht roh, sondern gekocht oder gebraten auf den Tisch bringt. Zur Verarbeitung in der Küche sollte man nämlich möglichst große Exemplare wählen, weshalb in diesem Fall vier bis sechs Stück pro Person vollauf genügen.

Anrichten auf Eis, Algen oder Seetang

Vor dem eigentlichen Anrichten und Öffnen werden die Austern mit Hilfe einer Bürste unter fließendem Wasser gründlich von außen gereinigt. Will man seinen Gästen das Hantieren mit dem nicht ganz ungefährlichen Austernmesser ersparen, so serviert man ihnen die Austern bereits geöffnet, das Muschelfleisch in der tieferen Schalenhälfte liegend.

Um zu vermeiden, daß das köstliche Austernwasser beim Anrichten verschüttet werden könnte, setzt man die nicht sonderlich standfesten Schalenhälften auf eine geeignete Unterlage. Dabei gibt es verschiedene Möglichkeiten:

- ▷ Spezielle Austernplatte - mit Vertiefungen zur Aufnahme der Schalenhälften, Dekoration mit Eis, Algen und/oder Seetang
- ▷ (Glas- bzw. Metall-) Platte - mit Serviette, darüber gestoßenes Eis zur Aufnahme der Schalenhälften, die Serviette zum Aufsaugen des Schmelzwassers
- ▷ Einfacher Teller - mit Schnee-Eis als Stütze der Schalenhälften.

Es gibt allerdings auch Austernfreunde, die eine Verwendung von Eis strikt ablehnen, da dadurch die Austern zu sehr abkühlen können. Sie empfehlen statt dessen beispielsweise eine Lage Salz zum sicheren Plazieren der Austern auf der Platte. Und sie haben in der Tat nicht ganz Unrecht, denn Austern sollten keinesfalls zu sehr gekühlt serviert werden, eine Temperatur von acht bis zehn Grad ist ideal.

Zur Komplettierung des Austerngedecks gehören zumindest noch ein Speiseteller (in der Regel auf einem Platzteller stehend), ein Austernmesser, eine Austerngabel, eine Fingerschale (zum Reinigen der Hände) sowie je nach Bedarf bzw. Geschmack eine Pfeffermühle, ein Dessertteller mit Zitronen und ein Dessertteller für die zu den Austern gereichten Brotscheiben. Sind die Austern zubereitet, so wird für kalte Gerichte Dessertbesteck gedeckt, für warme Darbietungen dagegen empfiehlt sich das Auflegen von großem Besteck.

Austernmesser in verschiedenen Varianten

»Wer die Wahl hat, hat die Qual«, dieser weise Spruch hilft dem Austernfreund auch nicht weiter, der in einem guten Gastronomie-Bedarfsgeschäft unschlüssig vor einer breiten Palette von Austernmessern steht – zumal sich manche Messer nur in feinen Nuancen unterscheiden.

Da gibt es zunächst das traditionelle, in Frankreich entwickelte Austernmesser mit einem normalen (Küchen-) Messergriff und einer relativ kurzen Klinge, die an einer Seite zum Durchtrennen des Austern-Schließmuskels eine mehr oder minder scharfe Schneide besitzt.

Andere Austernmesser können lediglich zum Auseinanderbrechen der Schalenhälften verwandt werden, weil ihre Klinge über keine Schneide verfügt.

Ein Mittelding stellt das in Frankreich vor wenigen Jahren unter dem Namen *ouvre huître* auf den Markt gebrachte Gerät dar; es besitzt sowohl einen Dorn zum Aufbrechen der Auster, als auch ein herausfahrbares Messer, mit dem man anschließend den Muskel durchschneiden kann.

Neuerdings gibt es auch ein elektrisches Austernmesser, das im Kern aus einem Elektromotor mit Vibrator besteht und das die Austern mit einer Art Ultraschall aufbricht (Preis ca. 150 DM).

Austernguillotine und Austernzange

So martialisch der Name Austernguillotine auch klingen mag, für den Austernfreund, der keinerlei Verletzungsrisiko eingehen möchte, ist sie eine echte Alternative zum

Austernmesser – allerdings in erster Linie zum Aufbrechen hartschaliger Austern, also von Tieren, die zwischen vier und sechs Jahren alt sind; für junge, schnellwüchsige Austern mit dünner Schale und einem hohen Fleischanteil ist dieser Austernbrecher nicht geeignet.

Die Austernguillotine besitzt normalerweise ein hufeisenförmiges Lager, in das die Auster eingepaßt wird, und einen langen Hebel mit einem messerartigen Dorn, den man mit geringem Kraftaufwand in die Auster hineinstoßen kann.

Wem die Austernguillotine nicht zusagt, dem stehen noch eine Vielzahl weiterer Hilfsinstrumente zur Verfügung, um ohne jegliche Verletzungsgefahr an das begehrte Austernfleisch zu gelangen.

Man nehme z.B. einfach die bislang wohl nur in Frankreich erhältliche Austernzange zur Hand, die einer herkömmlichen Kombizange recht ähnlich sieht; mit Hilfe dieser Zange knackt man den Rand der Austernschale an einer Stelle ab, wodurch dort ein Loch entsteht, in das hinein man ein beliebiges Messer zum Durchtrennen des Schließmuskels schieben kann. Diese Art des Austernöffnens dürfte für den ungeübten Anfänger eine der ungefährlichsten sein; zudem werden bei dieser Methode keine Schalensplitter ins Austerninnere getragen.

Das Öffnen der Auster

»Das Öffnen überlassen wir vernünftigerweise Leuten, die das können, ohne sich den ›Austernmesser‹ genannten Kurzdolch in die Hand zu jagen. Gewiß kann man das lernen, nach der fünfzigsten Auster hat man den Dreh raus. Aber ich warne vor den ersten neunundvierzig!« – Dieses Zitat – es stammt übrigens von keinem Geringeren als Deutschlands umstrittenen Voresser Nr. 1, Wolfram Siebeck – wird mancher Leser sicher als einen nicht gerade ermutigenden Einstieg in ein Kapitel ansehen, in dem vom Umgang mit dem gerade als »Kurzdolch« titulierten, wohl noch immer am weitesten verbreiteten, traditionellen französischen Austernmesser die Rede sein soll.

Bevor man die Auster mit der gewölbten Seite nach unten, das Scharnier der Muschel dabei nach rechts zeigend, in die linke Hand legt und mit der Rechten zum zielsicheren Rammstoß ausholt, sollte man sich überlegen, ob man die linke Hand nicht – Siebecks Worten eingedenk – lieber mit einem dicken Lederhandschuh oder noch besser mit einem speziellen Stahlhandschuh schützen möchte.

Wenn diese Vorsichtsmaßnahme getroffen wurde – was Profis natürlich absolut überflüssig erscheinen mag –, bohre man die Klinge des Austernmessers in den Knoten des Scharniers zwischen den beiden Schalenhälften. Sehr wichtig hierbei ist, daß die Auster – wie auch bei den folgenden Arbeitsvorgängen – schön gerade gehalten wird, damit beim Öffnen nicht das wertvolle, von der Muschel natürlich gesäuberte Wasser verschüttet wird.

Anschließend werden die Schalenhälften durch ein leichtes Drehen des Messers aufgebrochen und voneinander getrennt. Nun streicht man mit der Schneide an der Innenseite der flachen Schalenhälfte entlang, um den Schließmuskel zu durchtrennen. Die flache Schalenhälfte läßt sich jetzt leicht abheben. Etwaige Schalensplitter können mit Hilfe des Austernmessers aus der gewölbten Schale mit dem Muschelfleisch entfernt werden.

Die Auster kann nun serviert werden; wenn man will, kann man allerdings noch den sogenannten Fuß, mit dem die Muschel an der gewölbten Schale festgewachsen ist, mit einem kurzen Schnitt durchtrennen.

Es gibt inzwischen auch Küchenchefs wie Jean Minchelli vom renommierten Pariser Restaurant »Le Duc«, die empfehlen, das Austernwasser sofort nach dem Öffnen der Muschel wegzuschütten, da die Tiere dann nach wenigen Minuten eine angeblich weitaus intensiver duftende Körperflüssigkeit ausscheiden.

Auch die Iren schütten schon einmal beim Austernessen das von vielen Gourmets so sehr geschätzte kostbare Naß einfach aus, indem sie das ausgelöste Muschelfleisch nicht in der gewölbten Schale, sondern auf dem platten »Deckel« servieren.

Statt des anfangs erwähnten Leder- bzw. Stahlhandschuhs kann man sich auch einer mehrfach gefalteten Stoffserviette bedienen, in die man die Auster hineinpackt, so daß nur noch das Scharnier hervorschaut. Bei den folgenden Arbeitsvorgängen braucht man mit der linken Hand nun lediglich dafür zu sorgen, daß die Auster nicht aus der leinenen Hülle entweichen kann.

Schlürfen oder doch lieber mit der Austerngabel?

Wenn die Auster nach dem Öffnen bereits mit einem kurzen Schnitt von der gewölbten Schalenhälfte abgetrennt wurde, bereitet es keine Schwierigkeit, sie direkt aus der

Schale zu schlürfen. Doch es gibt Austernliebhaber, die den letzten kleinen Schnitt gerne selber besorgen möchten. Dazu greifen sie zur Austerngabel (es kann natürlich auch ein einfaches kleines Messer sein), die nicht größer als ein Kaffeelöffel ist. Sie hat kurze Zinken, von denen einer eine Schneidefläche aufweist, mit deren Hilfe das Austernfleisch problemlos von der Schale gelöst werden kann; den so abgetrennten »Fuß«, mit dem das Tier an der Schale verwachsen war, kann man übrigens durchaus mitessen, er schmeckt zart-süßlich.

Die Austerngabel ist auch sehr nützlich beim Entfernen der Eingeweide und der Kiemenblätter (sogenannter *Bart*), die sich wie ein schwarzes Band um das Fleisch ziehen; was allerdings nur bei sehr großen Exemplaren nötig ist, denn besonders der kleine, schwarze Darm kann beim Zerkauen einen leicht bitteren Nachgeschmack erzeugen.

Und es gibt natürlich auch Genießer, die – weil sie es beispielsweise als unschicklich empfinden – Austern nur mit der Austerngabel essen und lediglich das kostbare Naß schlürfend zu sich nehmen.

Der Kenner schwört auf Austern »nature«

Von durchaus gebräuchlichen Zugaben wie Kräuter- oder Weinessig, Sauce Vinaigrette, Ketchup (in den USA sehr beliebt), Tabasco- oder auch amerikanischer Cocktailsauce wendet sich der wahre Austernkenner mit Grausen ab. Er erlaubt sich – wenn überhaupt – zur Intensivierung des Eigengeschmacks der Auster höchstens den Einsatz eines Hauchs von Pfeffer oder eines Spritzers Zitronensaft, obwohl Puristen auch letzteres bereits als kulinarische Sünde klassifizieren. Und wer es etwa wagte, einem Austernkenner zu seiner Leib- und Magenspeise Zwiebeln anzubieten ...

Am liebsten ißt er die »Zierde des Meeres« allerdings »nature«, so wie Gott sie geschaffen hat. Ungeübte Austernesser werden damit in der Regel jedoch einige Probleme haben, was nicht weiter verwunderlich ist, wenn man die prägnante, von dem berühmten Gastrosophen Karl Friedrich von Rumohr in seinem Werk »Geist der Kochkunst« gelieferte Beschreibung des Austerngeschmacks zu Rate zieht: »Die Auster ist eine Welt für sich, kühl, tief, gedankenvoll, eine harmonische, ungegliederte, gegensatzlose Einheit. So ist auch ihr Geschmack ein durchaus gegensatzloser, harmonischer, einheitlicher, am reinsten, wenn man sie in ihrem Naturzustande genießt, nicht, nachdem sie durch die verschiedenen Stadien der künstlichen Zubereitung des Schmorens oder Backens hindurch getrieben worden ist. Mit jeder Auster, die du schlürfst, schlürfst du auch deinen Anteil am Ozean.«

Wer einmal unfreiwillig einen tiefen Schluck Meerwasser genommen hat und noch nie eine Auster probiert hat, der wird dazu nach dem Lesen der Rumohr-Sentenzen wohl keine große Lust verspüren; zumal wenn er von Freunden bereits die Mär erzählt bekommen hat, daß die Austern ja bloß »nach Meer« schmecken.

Doch Mut, ganz so »schlimm« ist es auch wieder nicht, obwohl sicherlich nicht jeder Austernnovize beim Verkosten der Meeresmuschel derart ins Schwärmen verfallen wird wie der schreibende Feinschmecker Ulrich Klever beim Interpretieren des bekannten Rumohr-Zitats: »Rumohrs Ozeananteil meint nicht nur das Schlückchen Seewasser, er bezieht sich auf die Kraft der Auster, über die Zunge all die Assoziationen auszulösen, die man mit dem Meer verbindet: Da spürt man eine Spur von Tiefseetang, da ist die sprudelnde Brandung, die Kühle einer Felsenbucht, die Klarheit des ruhigen Wassers über einem Riff. Wer Austern ißt, stillt seine Sehnsucht nach der Ur-Natur.«

»Austern nature« kann man auf zweierlei Art und Weise essen; entweder läßt man sich zunächst das Muschelfleisch schmecken und würzt dann gewissermaßen mit dem Wasser nach, oder man schlürft Austernfleisch und Wasser in einem Zug - doch nicht sofort herunterschlukken, sonst hat der Gaumen nichts von dem delikaten Fleisch, sondern dieses genüßlich zerkauen.

Die einzige Beilage, die jeder Austernkenner akzeptiert, ist Brot - mit Butter bestrichen. Besonders geeignet sind Graubrot, Schwarzbrot (Vollkornbrot, Grahambrot, Pumpernickel), Toastbrot, Westfäler Brot (mehrere Lagen Pumpernickel, dazwischen Butter), Chesterschnitten (mehrere Lagen Schwarzbrot, dazwischen Chesterkäse) oder auch Welsh rarebits (geröstete Käseschnitten).

Im Bordelais werden zu den Austern scharf mit Knoblauch und rotem Pfeffer gewürzte, kleine, in der Pfanne geröstete Bratwürste gereicht, sogenannte *huîtres à la bordelaise*; man ißt abwechselnd eine Auster und ein Würstchen und spült gewissermaßen mit dem von den edlen Muscheln gespeicherten Meerwasser nach.

Und Snobs sollen schon einmal dabei beobachtet worden sein, wie sie zu delikaten Austern erstklassigen Kaviar verzehrt haben, ein geradezu himmlisches, aber auch etwas kostspieliges Vergnügen.

In Champagner pochiert …

Es gibt wohl kaum noch ein renommiertes Restaurant, auf dessen Speisekarte sie nicht zu finden sind, die pochierten Austern, also leicht angegart und warm serviert. Warum sollte man es daher zu Hause nicht auch einmal versuchen. Dabei ist jedoch zu beachten, daß beim Pochieren die Temperatur nicht über 60 Grad steigen sollte, da sonst der typische Austerngeschmack verlorengehen kann. Statt purem Champagner kann man natürlich auch einen guten Riesling oder einen trockenen Sekt verwenden, denen man mit einem Schuß Sahne auf die Sprünge hilft.

Statt roh oder pochiert kann man die Austern natürlich auch geräuchert, in Blätterteig oder gegrillt servieren. In England umhüllt man Austern gerne mit einer dünnen Speckscheibe, steckt sie auf Spießchen und brät sie unter dem Elektrogrill, das Ganze läuft dann unter dem sinnigen Namen *Angels on horseback.*

Tiefgekühlt oder auch in Dosen

Der Exkurs in den Bereich des Kochens ist ein guter Aufhänger, um kurz auf einen etwas heiklen Sachverhalt einzugehen, der einem wahren Feinschmecker wohl nur ein mißbilligendes Kopfschütteln entlocken kann: Austern als Dosen- bzw. Tiefkühlware. Denn was kann man mit diesem konservierten Muschelfleisch schon anderes anfangen, als es allenfalls in einfachen Speisen zu verarbeiten.

Doch selbst dies wird den wahren Gourmets noch als ein regelrechtes Sakrileg erscheinen, gilt doch gerade die

Auster als das Symbol für absolute Frische. Um so verwunderlicher ist es, daß diese in Überseeländern schon lange gepflegte (Un-)Sitte via Feinkostläden etc. auch hierzulande eingeführt wird.

Die Ware kommt übrigens keineswegs mehr allein aus Übersee. Kürzlich kündigte z.B. der Austernzüchter-Verband der Südbretagne, wo beileibe kein Mangel an Frischprodukten herrscht, an, man werde in Büchsen bzw. Tiefkühlbeuteln abgepackte Austern auf den deutschen Markt bringen, bei denen dank mehrjähriger Experimente keinerlei Geschmacksverlust im Vergleich zu frischen Schalentieren festzustellen sei ...

Zumindest hinsichtlich der bretonischen Dosenware dürfte dies nichts weiter als eine Schutzbehauptung sein, werden die Austern dafür doch nicht nur maschinell geöffnet, aus der Schale gepult und gesäubert – wie bei den für die Tiefkühltruhe bestimmten Exemplaren –, sondern anschließend zehn Minuten im Wasserbad gegart, dann geräuchert und schließlich in Öl eingelegt ...

Austern – und was man dazu trinkt

Auf die Frage, welches Getränk man wohl am besten zu Austern serviert, wird die Mehrzahl der Feinschmecker ganz spontan und zu Recht antworten: Einen trockenen Weißwein selbstverständlich, natürlich darf's auch ein trokkener Sekt oder ein Champagner brut sein.

Ob es ein Muscadet, ein Sancerre, ein Weißer Graves, ein Weißer Burgunder, ein Chablis, ein Gros-Plant, ein Grüner Veltliner oder ein Weißwein aus einer ganz anderen Region sein soll, das hängt von den persönlichen Vorlieben eines jeden Austernfreundes ab.

Ein pfiffiges deutsches Sektunternehmen, Georges Geiling in Bacharach, hat übrigens eine *Austern-Sect* getaufte Cuvée aus Rheingau-Riesling mit Flaschengärung kreiert, die, da ohne Dosage abgefüllt, mit ihrer herben Fruchtigkeit hervorragend zu den Schalentieren paßt. Und auch zu einem trockenen Portwein oder Sherry wird ein Austernkenner nicht nein sagen.

Jean Minchelli, Küchenchef des Pariser Top-Restaurant »Le Duc«, das für seine Muschelspezialitäten berühmt ist, empfiehlt seinen Landsleuten auch schon mal fruchtige, nicht zu schwere Rotweine zu Austern, z.B. Chinon, roten Sancerre, Bourgueil oder sogar einen jungen, gutgekühlten Bandol.

Und wer seine Gäste anläßlich eines Austerndiners mit etwas Besonderem überraschen möchte, der möge ihnen doch einmal ein dunkles Starkbier kredenzen, z.B. ein Stout, ein Guinness oder nach britischer Sitte ein spezielles *oyster beer*, eine Mischung aus ¾ hellem Pils und ¼ dunklem Porterbier.

Und ein Gastgeber, der sozusagen noch einen »drauflegen« möchte, der schenke seinen Freunden zu den geliebten Meeresfrüchten einen edelsüßen bzw. natursüßen Wein ein. Es muß ja nicht gleich ein Château d'Yquem, die berühmte honigsüße Trockenbeerenauslese aus dem Haut-Sauternes, sein; allerdings auch keine Billigmarke aus dem Supermarkt, denn solche Kreszensen sind nun mal – wenn sie ein Genuß sein und nicht nur pappig nach Zucker schmecken sollen – keine Billigprodukte. Was hierzulande heute noch vielfach als dégoutant abgetan wird – obwohl dem Prinzen Georg, Herzog zu Sachsen, laut einer erhaltenen Speisekarte bereits am 28. Februar 1888 in Dresden ein Chateau d'Yquem zu Austern serviert wurde, lange ist's her . . . –, kann man im Bordelais durchaus schon mal beobachten. Also nur mutig voran, ob man für diese »Dégustation« eine erstklassige Trockenbeerenauslese von Saar, Mosel oder aus dem Rheingau, einen guten Sauternes oder auch einen exquisiten Tokayer wählt, ist wieder nur eine Frage des persönlichen Geschmacks.

Austern verspeisen – ein kultischer Akt?

Es gibt Austernliebhaber, die aus dem genießerischen Schlemmen dieser Delikatesse einen fast kultischen Akt machen. Der Gastro-Journalist Franz Herre beispielsweise regte zur Erzielung vollsten Genusses folgende Prozedur an: Man genieße die Auster »zunächst mit den Augen – die in perlmuttschimmernder Schale sich badende, mehr oder weniger üppige und appetitliche Schönheit. Wenn man sie genug betrachtet hat, nimmt man mit der linken Hand eine Auster, nicht ohne die Schale zu befingern, die rauh sein kann wie der windgepeitschte Atlantik und zerklüftet wie die Küste der Bretagne. Man hält die Auster waagerecht, um das Wasser nicht zu verschütten, führt sie in Reichweite der Nase, um den Geruch des Meeres einzuatmen. Mit der in der rechten Hand gehaltenen Austerngabel führt der Genießer das zarte Austernfleisch zum Munde, wo man es an den Gaumen drückt und bedächtig kaut.«

Man kann das Ganze natürlich auch weniger feierlich zelebrieren, aber wem's Spaß macht, der lenke seine

Abbildung:

Gratinierte Austern mit Lauch

Zutaten für vier Personen:
24 frische Austern
etwa 200 ml trockener Weißwein (z. B. Elsässer Riesling)
150 g Crème fraîche
75 g süße Sahne
1 Prise Zucker
3 Stangen Lauch (nur die hellen Teile, 300 g geputzt gewogen)
30 g Butter
weißer Pfeffer aus der Mühle
Salz
150 g Comté-Käse, gerieben

Die Austern aufbrechen, das Wasser in eine Schale ablaufen lassen. Das Muschelfleisch auslösen, in die grössere Schalenhälfte füllen und diese in Gratinformen anrichten. Kühl stellen. Das Austernwasser durch ein Sieb in einen Meßbecher geben und mit dem Wein auf 300 ml auffüllen. Mit Crème fraîche vermischen und im offenen Topf bei mittlerer Hitze cremig einkochen lassen. Dabei nach und nach die süße Sahne hinzufügen. Mit Zucker würzen. Den Lauch putzen, längs halbieren, waschen und abtropfen lassen. Dann quer in ganz feine Streifen schneiden und in der heißen Butter glasig dünsten. Mit der reduzierten Sauce vermischen und mit Pfeffer und eventuell etwas Salz würzen. Den Lauch über die Austern verteilen und gleichmäßig mit Käse bestreuen. In dem auf 225 Grad (Gas Stufe 4) vorgeheizten Backofen etwa 10 Minuten überbacken, bis der Käse geschmolzen ist. Mit frischer Baguette und Elsässer Riesling als kleines Hauptgericht servieren (als Vorspeise sind drei Austern pro Person ausreichend).

Schritte doch am besten in einen noblen Gourmettempel. Denn wer kennt sie nicht, die Pariser Restaurants, wo man seinen Tisch durch ein Spalier von Austernkörben erreicht. In diesen Häusern prüft der mit dem Öffnen der Austern betraute Fachmann, in Frankreich heißt er *écailler* (wörtliche Übersetzung: Austernhändler), jede Auster, bevor sie serviert wird. Da kann man dann ganz sicher sein, nur lebendfrische, erstklassige Muscheln vorgesetzt zu bekommen.

Nur keine Austern aus Aquarien/Vivarien!

Auch hierzulande gibt es gottlob Restaurantbesitzer, die über den richtigen Umgang mit Austern Bescheid wissen. Und dennoch betritt man immer wieder Häuser, in denen die Austern den Gast nicht beispielsweise auf einem Bett von Algen ruhend erwarten, sondern in einem Aquarium bzw. Vivarium, meist – was die Sache noch verschlimmert – in Hausgemeinschaft mit Hummern und Langusten. Das ist ganz nett anzuschauen, nur essen sollte man die Austern aus diesen künstlichen Bassins auf keinen Fall. Denn Austern haben nun einmal die Angewohnheit, den Geschmack des sie umgebenden Wassers anzunehmen.

Es gilt hier die Regel, daß die Auster immer nur so gut ist, wie das Gewässer, in dem sie gelebt hat – und Austern, die den typischen Vivariengeschmack angenommen haben, sind eben alles andere als eine Delikatesse. Dazu gesellt sich das Problem, daß das Wasser der Aquarien oft zu warm ist, was zur Folge hat, daß die Austern ihre Stoffwechseltätigkeit erhöhen und dadurch an Kraft verlieren. Eine Auster, die auch nur einen Tag in einem Vivarium verbracht hat, kann man zwar durchaus essen, aber sie schmeckt nicht.

Der Frische-Test

Äußerlich untrügliches Zeichen dafür, daß Austern noch leben und gesund sind, sind ihre fest verschlossenen Schalen. Offene Muscheln sollten zur Vermeidung einer lebensgefährlichen Fischvergiftung sofort weggeworfen werden. In seltenen Fällen können jedoch auch Austern mit geschlossener Schutzhülle verdorben sein. Aber das wird man sofort am Geruch erkennen oder – wenn man ganz sicher gehen will – träufelt man einfach etwas Zitronensaft auf das Fleisch, genauer auf den äußeren, dunklen, gekräuselten Mantel, den sog. *Bart.* Zieht er sich zusammen, löst die Säure also einen Reflex aus, so lebt die Auster, im anderen Fall bleibt nur der Gang zum Mülleimer.

Wenn man eine Verfremdung des Austerngeschmacks durch den Zitronensaft vermeiden möchte, kann man den Reflex normalerweise auch durch Berühren des Bartes mit dem Finger hervorrufen.

Austernsaison und -lagerung

Die Regel, wonach Austern nur in den Monaten mit »r«, also von September bis April, gegessen werden sollten, gilt heute nur noch bedingt – für die meisten Austern aus den europäischen Ländern. Denn in der warmen Jahreszeit sind die geschlechtsreifen Tiere durch ihre überaus rege Fortpflanzungstätigkeit ziemlich ausgemergelt, fallen fast vom Fleisch und schmecken auch nicht sonderlich. Man sollte ihnen daher die kurze Schonzeit gönnen und sich statt dessen an kleinen, jungen Austern schadlos halten - oder Austern aus außereuropäischen Ländern probieren. Theoretisch könnte daher das ganze Jahr über Austernsaison sein - doch dem steht halt hierzulande das eingefahrene Konsumenten-Verhalten und die Vorliebe für möglichst große Exemplare europäischer Austern entgegen.

Ein Transport der Schalentiere aus noch so weit entfernten Gefilden stellt heute nämlich keinerlei Problem mehr dar, kann man Austern doch bei richtiger Lagerung - bei Temperaturen zwischen einem und sieben Grad plus - bis zu 14 Tage problemlos aufbewahren. Das in der Schalenhülle gespeicherte Naß macht's möglich.

Will man die Austern im eigenen kühlen Keller einige Tage aufbewahren, so sollte man sie auf jeden Fall mit der tieferen Schale nach unten hinlegen.

Hat man erst einmal den richtigen Kniff heraus, wie man die Auster am besten ohne Verletzungsgefahr von ihrem schützenden Schalenpanzer befreit, so wird weder das Servieren, Verspeisen oder Aufbewahren der Delikatesse noch die Wahl eines passenden Getränkes ein unlösbares Problem mehr darstellen können.

Austernfestivals, Weltmeisterschaften im Austernöffnen u.ä. ...

Es würde zu weit führen, in diesem Kapitel alle weltweit organisierten Veranstaltungen rund um die Auster anzusprechen. Viele sind nur lokal von Bedeutung, was allerdings nicht heißen soll, daß sich deren Besuch für einen Austernfreund nicht lohnen könnte; andere sind über die Landesgrenzen hinweg bekannt wie das berühmte Festival im irischen Galway, auf das daher etwas ausführlicher eingegangen wird.

»Oyster Festival« im irischen Galway

Was den Weinbauern hierzulande ihre Weinkönigin, ist den Bewohnern des westirischen Städtchens Galway und ihren von Jahr zu Jahr in größerer Zahl anreisenden Gästen ihre Pearl, die Austernkönigin. Sie ist es, die zu Beginn des alljährlich im September in Galway und Umgebung veranstalteten »Oyster Festivals« symbolisch die ersten Austern der Saison unter das jubelnde Volk bringt – begleitet von den Honoratioren der Stadt und Musikern in bunten Kostümen.

Damit gibt sie den Startschuß für einen viertägigen Austern-Karneval mit viel Folklore, Tanzfesten, langen Guinness-Zechnächten, zwischendurch - zur Stärkung - leckeren Galway Oysters und dem absoluten Höhepunkt der Festivitäten, auf den alle Zecher und weitgereisten Feinschmecker sehnsuchtsvoll warten, die Weltmeisterschaft im Austernöffnen.

Die WM läuft nach einem genau festgelegten Reglement unter den Augen einer Jury von Austernfachleuten ab. Jeder WM-Teilnehmer hat die Aufgabe, 30 Austern in möglichst kurzer Zeit sauber zu öffnen und losgelöst auf einer Schalenhälfte zu präsentieren.

Hierbei ist jedoch nicht nur Schnelligkeit gefordert, sondern auch exaktes Arbeiten, denn die Jury sieht sich jede Auster genau an und verhängt für ausgebrochene Schalenstücke, Verletzungen des Austernfleisches, sogenannte blutende Austern, oder nicht entfernte Schalensplitter Strafsekunden. Wer glaubt, den »Parcours« unter diesen Bedingungen in einer Zeit von 91 Sekunden bewältigen zu können, der sollte sich vorsorglich schon einmal in die Meldeliste für die nächste WM eintragen lassen, denn seine Chancen für den Titelgewinn stehen gar nicht schlecht.

Nicht Galway allein . . .

Seit einigen Jahren werden auch in der Bundesrepublik Deutschland unter der Ägide der Mövenpick-Kette Wettbewerbe im Austernöffnen veranstaltet, bei denen die deutsche Küchengilde ihre diesbezüglichen Fähigkeiten unter Beweis stellen kann. Ein netter PR-Gag, um die Kunden zum Degustieren der Galway-Oysters zum Stückpreis von rund 2 DM zu animieren.

Neben dem Galway-Festival, sicher das weltweit bekannteste seiner Art, gibt es natürlich auch in anderen Ländern vergleichbare Festivitäten zur Eröffnung der Austernsaison. Und hier ist an erster Stelle Frankreich zu nennen. Stellvertretend für die übrigen gallischen Zuchtzentren sei auf das alljährlich im August veranstaltete Austernfest der Ile d'Oléron hingewiesen, das vornehmlich in den drei größeren Inselorten Le Château, St. Pierre und Boyardville mit folkloristischen Darbietungen, Tanz, Wein und natürlich den leckeren Austern gefeiert wird.

Wem mehr nach Skurrilem zumute ist, der kann sich einen der besonders in den USA so beliebten Wettbewerbe anschauen, bei denen es gilt, Austern in möglichst großen Mengen zu verschlingen. So hat der Amerikaner Tommy Greene vor einigen Jahren in 93 Sekunden nicht weniger als 288 Austern - die Größe ist leider nicht bekannt - verkonsumiert, na ja, dann mal guten Appetit ...

Austernmuseen

Auf der Ile d'Oléron, genauer gesagt in Le Château, kann man zusätzlich eines der noch recht seltenen Austernmuseen besichtigen. In seinen Vitrinen stapeln sich Prachtexemplare der Spezies Auster; anhand einer Schautafel wird dem Besucher erklärt, wie die Austernzucht auf der Ile d'Oléron funktioniert. Noch ein Tip zum sicheren Aufstöbern des Museumsgebäudes: Vor der Tür steht ein über und über mit Austern besetztes Fahrrad, das vor einigen

Jahren aus dem Atlantik gefischt wurde. Ein ungleich größeres Haus, in dem der auf die Elgin Marbles gespannte Besucher wohl kaum Austernähnliches vermuten wird, ist das Britische Museum in London; hier lohnt es sich, einen Rundgang durch die Austernabteilung der Molluskensammlung zu machen.

Austernstraßen

Wie es die bekannten Weinstraßen gibt, auf denen die fröhlichen Zecher von einer Domäne zur anderen wandeln, so gibt es in Frankreich auch die routes des huîtres. Man fährt beispielsweise auf der Ile d'Oléron quer durch die ehemaligen Salinenbecken und kann jederzeit anhalten, um an einem der Stände oder in einem einfachen Bistro frische Austern zu kosten. Oder noch besser: Man gönnt sich etwas Besonderes und lenkt sein Auto vor die Tore des luxuriösen, direkt am Strand gelegenen Hotels »Le Grand Large«, in der Ortschaft La Remigeasse, in dessen Restaurant man seine Austern ganz stilgerecht mit Blick auf die Weite des Ozeans schlürfen kann ...

PR-Aktivitäten deutscher Züchter

Wer sich vor Ort selbst ein Bild von der Austernzucht machen will, braucht dazu nicht unbedingt ins Ausland zu fahren. Die vier Betriebe in der Bundesrepublik, die sich an Nord- und Ostseeküste mit der Austernzucht beschäftigen, können nämlich besichtigt werden. Etwas Besonderes hatte sich Clemens Dittmeyer für das Jahr 1988 mit der Eröffnung eines Austernlehrpfades vorgenommen. Dabei werden die Besucher sowohl durch die Kelleranlagen mit den Überwinterungsbassins als auch zu den eigentlichen Zuchtanlagen draußen im Watt geführt. Man sieht, die deutschen Austernzüchter sind bemüht, die heimische Öffentlichkeit auf ihr Wirken und ihre Erzeugnisse aufmerksam zu machen. Das Unternehmen Dittmeyer versucht u.a., Deutschlands Spitzenköche direkt anzusprechen und durch Degustationen auf die Qualität der eigenen Züchtung aufmerksam zu machen. Clemens Dittmeyer: »Mit Köcheclubs oder Gastronomieverbänden machen wir wenigstens einmal pro Monat eine Degustation, bei der wir zumeist mit unserer Sylter Auster zusammen mit den Galway-Austern und den Belons die vorderen Plätze belegen.«

Ob es sich nun um Festivals, Weltmeisterschaften, PR-Veranstaltungen o.ä. handelt, alle diese Aktivitäten dienen letztendlich dem Zweck, die Aufmerksamkeit der Öffentlichkeit auf die »Zierde des Meeres« zu lenken. Daß dabei auch rein ökonomische Interessen im Spiel sind, wird den Austernfreund, der sein Wissen um das Schalentier erweitern kann, nicht sonderlich stören.

Exkurs: Perlauster – »Träne der Götter«

In Japan sind sie häufig in unmittelbarer Nachbarschaft zu finden – die Speiseauster und die zur Perlenzucht besonders geeignete Perlmuttauster, *Pinctada martensii* genannt. Und auch in der Aufzucht gibt es gewisse Parallelen, zumindest im Anfangsstadium.

Die Kultur der Perlauster beginnt damit, daß mittels Kollektoren – meist Drahtkörbe mit leeren Schalen –, an denen sich die Larven festsetzen, Jungaustern gewonnen werden, die nach rund drei Jahren von Tauchern an Land geholt werden. Dort wird den Austern ein winziger Fremdkörper in das Epidermisgewebe oder die äußere Haut eingeführt. Häufig handelt es sich dabei um ein Schalenpartikelchen einer Süßwassermuschel. Anschließend geht's wieder zurück ins nasse Element, wo die Körbe mit den präparierten Perlaustern an Flößen befestigt werden. Zentren der japanischen, als regelrechter Industriezweig betriebenen Perlausterkultur sind die Präfekturen Mie, Nagasaki und Ehime.

Natürlich werden Perlaustern nicht nur in Japan gezüchtet, sondern beispielsweise auch in China oder in der Südsee, deren Perlen als besonders kostbar gelten, weil der

Zuchterfolg bei höchstens 2% liegt. Doch Japan war das erste Land, das ab den 20er Jahren unseres Jahrhunderts mit Austern-Zuchtperlen gehandelt hat. Einen mittleren Preis für diese Perlenart anzugeben, ist nicht möglich, die billigste Perle mag für 2 DM zu haben sein, für das kostbarste Stück wird man bis zu einer Million DM zahlen müssen.

Wer sich etwa Hoffnungen machen sollte, eine »Träne der Götter«, wie die Griechen die Perlen nannten, in einer gewöhnlichen Pazifischen Felsenauster, wie sie überall zu haben ist, zu finden, dem sei zu bedenken gegeben, daß die Austern schon etwas mehr als drei bis fünf Jahre brauchen – in diesem Alter werden die Gigas in der Regel verspeist –, um eine ansehnliche Perle zu entwickeln. Ein winziges Kügelchen aber, das sich vielleicht gebildet haben könnte, wird der selige Austernschlemmer aber gar nicht bemerken und daher einfach herunterschlucken – was das Austernmahl noch um ein Vielfaches kostbarer machen würde ...

Glossar

Amerikanische Auster: → Crassostrea virginica.

Angels on horseback: Englisches Austernrezept, bei dem das Muschelfleisch mit einer dünnen Speckscheibe umhüllt, auf ein Spießchen gesteckt und schließlich unter dem Elektrogrill kurz gebraten wird.

Apalachicola: → Crassostrea virginica-Sorte.

Arcachons: → Gravettes (d'Arcachon).

Austerngabel: Kaffeelöffelgroßes Besteck zum Essen der Auster mit kurzen Zinken, von denen einer mit einer Schneidefläche zum Abtrennen des Austernfleisches von der Schale versehen ist.

Austernguillotine: Alternative zum Austernmesser beim Öffnen der Auster, die mittels eines mit einem Dorn versehenen Hebels aufgebrochen wird.

Austernmesser: Besteck zum Öffnen der Auster mit einem einfachen (Küchen-) Messergriff und einer kurzen, dolchartigen Klinge; neben dieser klassischen Form gibt es neuerdings eine Reihe von Varianten bis hin zu einem elektrischen Austernmesser.

Austernparks: Gebietsstreifen in der Gezeitenzone, in denen die Züchter ihre Parzellen zur Austernaufzucht eingerichtet haben.

Austernzange: Einer Kombizange gleichendes Werkzeug, mit dem man zum Öffnen der Auster die Schale an einer Stelle abknackt.

Belons: Nach dem bretonischen Fluß Bélon benannte → Ostrea edulis-Sorte.

Blue Points: In Long Island beheimatete → Crassostrea virginica-Sorte.

Bonamia-Viren: Nach einem französischen Wissenschaftler benannte Viren-Art, die Ende der 60er Jahre aus dem pazifischen Raum mit Einführung der Pazifischen Felsenauster eingeschleppt wurde und die für die Zerstörung großer europäischer Austernbestände verantwortlich ist.

Bourriche: Henkelloser Korb, in dem vor allem französische Züchter ihre Austern zum Transport verpacken.

Bouzigues: Im Bassin von Thau gezogene Mittelmeerauster der Sorte → Ostrea edulis.

Cabanes: Hütten bzw. kleine Häuschen, in denen die französischen Züchter Arbeiten wie das Abschaben der Jungaustern von den Brutsammlern verrichten.

Cape Cods: → Crassostrea virginica-Sorte.

Chincoteagues: → Crassostrea virginica-Sorte.

Claires: Bassins, »Klärteiche«, in denen an der französischen Atlantikküste die tiefen Austern gezüchtet werden; zugleich Name für eine in diesen Anlagen gezüchtete → Crassostrea angulata- bzw. → Crassostrea gigas-Sorte.

Colchesters: Nördlich der Themsemündung gezüchtete → Ostrea edulis-Sorte.

Collecteurs: Brutsammler aus Dachziegeln, Metallrohren, Muschelschalen o. ä. Materialien, die von den Züchtern zum Auffangen der Austernlarven im Meer installiert werden.

Côtes bleues: Anderer Name für die → Bouzigues.

Crassostrea angulata: Tiefe Austerngattung, die nach dem Land, das sie für Europa entdeckt hatte, auch Portugiesische Auster genannt wird.

Crassostrea gigas: Aus dem pazifischen Raum stammende tiefe Austerngattung; daher auch Pazifische Felsenauster genannt.

Crassostrea virginica: An der Ostküste der USA heimische tiefe Austernart; oft nur als Amerikanische Auster bezeichnet.

Creuses: In Frankreich gebräuchliche Sammelbezeichnung für tiefe Austern.

Dégorgeoirs: Mit gefiltertem Meerwasser gefüllte Spezialbecken, in denen sich die Austern vor dem Verkauf von letzten etwaigen Verunreinigungen säubern können.

Ecailler: In französischen Restaurants mit dem Öffnen der Austern betrauter Servicefachmann.

Europäische Auster: → Ostrea edulis.

Felsenauster: → Crassostrea gigas.

Fines de claire: In den → claires an der französischen Atlantikküste gezüchtete → Crassostrea angulata- bzw. → Crassostrea gigas-Sorte.

Friesen-Auster: Auster der Gattung → Crassostrea gigas (Pazifische Felsenauster), die seit Anfang der 70er Jahre an der deutschen Nord- und Ostseeküste gezüchtet wird.

Galways: Nach dem gleichnamigen irischen Städtchen benannte → Ostrea edulis-Sorte.

Garum: Spezialsauce, im wesentlichen aus den Innereien von Fischen hergestellt; von Griechen und Römern zu Austern gereicht.

Gravettes (d'Arcachon): → Ostrea edulis-Sorte aus der Umgebung von Arcachon, daher auch oft nur Arcachons genannt.

Halbwuchsaustern: Jungaustern mit einem Gewicht von 30 bis 35 Gramm.

Hängekultur: In Japan heimische Zuchtmethode, bei der die Austern an vertikal im Wasser hängenden Drähten oder Langleinen wachsen.

Helfords: Englische → Ostrea edulis-Sorte.

Huîtres à la bordelaise: Rezept aus dem Bordelais, bei dem jeweils abwechselnd eine Auster und eine scharf mit Knoblauch und rotem Pfeffer gewürzte, in der Pfanne geröstete kleine Bratwurst gegessen wird.

Huîtres de parc: Tiefe Austern der Gattung → Crassostrea angulata, die direkt aus den französischen Austernparks ohne Durchlaufen der verschiedenen Veredelungsstufen auf den Markt kommen; daher huîtres de parc, »Parkaustern«, genannt.

Imperiales: → Ostrea edulis-Sorte aus den Niederlanden.

Japanische Laternennetze: Behältnisse in Form eines langgestreckten Lampions, die mit Austern gefüllt an Leinen aufgereiht ins Wasser gehängt werden.

Kent Islands: → Crasseostrea virginica-Sorte.

Klebecontainer: An der deutschen Nordseeküste angewandte Zuchtmethode, bei der kleine Austern mit Hilfe von Zement auf Metallgittern befestigt werden, die anschließend in einen Metallrahmen geschoben zur weiteren Aufzucht im Meer versenkt werden.

Limfjords: In den skandinavischen Ländern gezüchtete → Ostrea edulis-Sorte.

Marennes: Nach der gleichnamigen Stadt in der Charente benannte → Ostrea edulis-Sorte.

Natives/Native oystevs: Bezeichnung für alle Themseaustern.

Navicula: Kieselalge, die den Austern in der Region Marennes/Ile d'Oléron als Nahrung dient und die für die Grünfärbung der Austern verantwortlich ist.

Oostendes: → Ostrea edulis-Sorte aus Belgien.

Ostrea edulis: Vornehmlich in Europa gezüchtete Gattung der flachen Auster; daher auch Europäische Auster genannt.

Ostrea lurida: An der Westküste der USA beheimatete flache Austerngattung; auch oft als Westamerikanische Auster bezeichnet.

Papillons: In Frankreich gebräuchliche Bezeichnung für fines de claire der Größe No. 5, die wegen ihrer entfernt an Schmetterlingsflügel erinnernden Schalen papillons, »Schmetterlinge«, genannt werden.

Parcs d'engraisement: Mästungsparks, in denen die Austern durch das überreiche Nahrungsangebot schön fett und vollfleischig werden.

Parkaustern: → Huîtres de parc.

Pazifische Felsenauster: → Crassostrea gigas.

Pearl: Beim »Oyster Festival« im irischen Galway das Zepter schwingende Austernkönigin.

Plates: In Frankreich gebräuchliche Bezeichnung für flache Austern.

Poches: Netzförmige Taschen, heute meist aus Plastik, in denen die Austern zur Marktgröße aufwachsen.

Portugaises: Französischer Name für → Crassostrea angulata und zugleich (fälschlicherweise) Sammelbezeichnung für alle tiefen Austern.

Portugiesische Auster: → Crassostrea angulata.

Propellerflöße: Zuchtmethode, bei der mit Austern besetzte Rahmen in die Schächte von Flößen gehängt werden, durch die von unten her mittels Propellern nahrungshaltiges Wasser gepreßt wird.

Spéciales de claire: In den → claires an der französischen Atlantikküste beheimatete → Crassostrea angulata- bzw. → Crassostrea gigas-Sorte.

Whitstables: In der Themsemündung beheimatete → Ostrea edulis-Sorte.

Westamerikanische Auster: → Ostrea lurida.

Zélandes: → Imperiales.

ECON Gourmet Bibliothek

ECON Gourmet Bibliothek
Portwein
von Karl Rudolf
Heraus-
gegeben von
Hans-Peter
WODARZ
ECON

ECON Gourmet Bibliothek
Olivenöl & Oliven
von Heide Hartner
Heraus-
gegeben von
Hans-Peter
WODARZ
ECON

ECON Gourmet Bibliothek
Hummer, Krabben,
Shrimps & Co.
von Veronika Müller
Heraus-
gegeben von
Hans-Peter
WODARZ
ECON

ECON Gourmet Bibliothek
Trüffel
von Ingeborg Kunze-Glupp
Heraus-
gegeben von
Hans-Peter
WODARZ
ECON